受けつぎごと。

村上萌（娘）　村上桃代（母）

サンマーク出版

はじめに

天気がよければサンドイッチを持って庭に出て、花が咲けばそこに秘密基地を作る。

敷地の半分以上が庭だった祖母の家では、自然や季節と一緒に時間が流れていました。そんな家で生まれた母に育てられ、私は「しなくてもいいけど、すると毎日が楽しくなる秘密」をたくさん教えてもらって育ちました。

やがて私にも娘が生まれ、まっさらな彼女に何を教えようかと思う時、思い出すのは「しなくてもいいけど、すると毎日が楽しくなる秘密」のことばかりでした。

「季節の楽しみと小さな工夫で、理想の生活を叶える」。

これはNEXTWEEKENDという、私が主宰するメディアのコンセプトです。

祖母や母から受けついだこの価値観は、生活に直接役立つことはないかもしれません。だけど、どんな時でも、どんな一日を過ごしても、それが自分の「人生」になる。せっかくだったら毎日を楽しんで歩くほうがいい。楽しい「今日」の積み重ねが、幸せな人生を作る。そう思っています。

学校のない週末の朝、実家の2階の寝室でゆっくり眠っていると、だいたいいつも同じBGMが流れて母の掃除が始まり、階段を行き来する音が聞こえてきました。

しかも15段という段数に合わせて、なぜか「涙の数だけ強くなれるよ（15文字）」と大声で口ずさむものだから、そうは寝ていられませんでした。だけど、しぶしぶ起きてきた朝でも、リビングの空気はいつも澄んでいて、カーテン

Seasonal Fruits

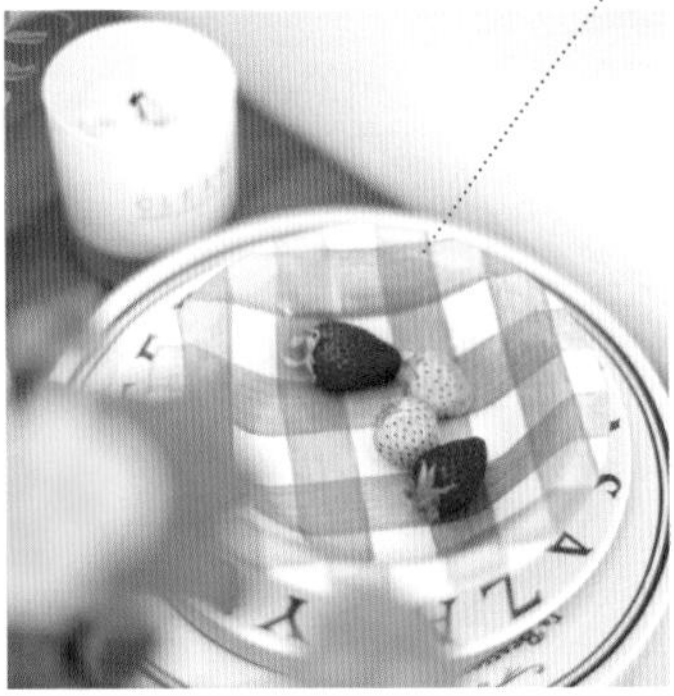

Clothes

Bedside

Breakfast &
Coffee

が風にそよいでいて、朝食の香りが部屋を包み、毎朝手書きで日付が追加される小さな黒板を見ると、なんだか今日は良いことが起きるかもしれない、そう思えました。

結婚して夫と住む時、朝ごはんのお皿をそろえることからはじめたのは、母が毎朝、家じゅうのスイッチを入れてくれたからで、そしてそれが家族の気持ちを変えてくれることを知っていたからかもしれません。スイッチは、常に自分の手元にあるのです。

祖母が母に受けつぎ、母から私に受けつがれた「毎日は、今日この瞬間から自分で楽しくできる」という考え方に、私は何度も助けられてきました。

この考え方は、祖母や母が何気なくやっていた日々の習慣から身につきました。

夕食の魚が焼けたら南天の葉を添えてみること、季節ごとに咲く花の名前を知っていること、イベントごとの準備を張り切ってみること……けっして大きなことではありませんが、積み重ねていくことで「自分は、できるかもしれない」と思えるようになる。

　そんな根拠のない自信の積み重ねは、人生の選択をする時の強さに変わります。

　いずれ、子どものすべてを把握することができなくなる日がきます。家が取り壊されたりして、いつも帰ってこられる場所を作っておくこともできないかもしれません。だけど、色々なことがある人生の中で、〝精神的に帰る場所〟があると、人は1歩進めるのだと思います。

Making
Cookie

娘が生まれてまだ数年。いつか、教えてもらった秘密をまとめて伝えよう……、なんて思っていましたが、その時に母は元気でいてくれるのか？　娘は母の家で遊べているのだろうか？　と思うと、「いつか」を待つよりも今、母が大切にしている家で、この気持ちを残しておきたいと思いました。

　母から娘、またその先に。伝えていきたい、受けつぎごと。

Favorite Book

Contents

※本書のレシピについて
大さじ1は15ml、小さじ1は5ml、
1カップは200mlです。

Chapter 3
くりかえし作る、季節のおうちごはん

Chapter 4
家族の時間をめいっぱい楽しむ

Chapter 5
縁をつむぐ

この本は村上萌と村上桃代の共著ですが、あとがき以外の文章は、娘の萌が書いています。

“私”とは萌のこと、“母”とは桃代のことをさします。

この本は桃代（母）の家で撮影しています。出てくるものはすべて母の私物です。

Chapter

1

まずは、自分のスイッチを入れる

小さな工夫をすることを面倒くさいと思ってしまう日もあります。疲れているから、どうせ花は枯れるから、やらなくても毎日は進んでいくから。

でも、人生は選択の連続でできていて、諦めることは癖になります。きっと「せっかくだからやろう」と腰を上げることが、人生を展開させるスイッチ。

今も目の前に、そのスイッチはあるのだと思います。

1

家に花を絶やさないこと

母も私も、家を長く留守にした翌日は必ず花を買いに行きます。思えば、物心ついた時から今もなお、実家に花がない日はありません。

　花は生きているから、時間と共に水はにごるし枯れていきますが、だからこそ、その場所に意識がいくのかもしれません。すると、せっかく花がきれいだから隣に絵を飾り、まわりを片づけて……と、好循環のスイッチが入っていきます。

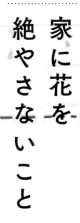

小さくてもいいから、家じゅうに花を

SHELF

たまにしか使わない棚も、花を置けば定期的にメンテナンスをするので、ほこりが溜まることもありません。

ENTRANCE

出かける時の高揚感、帰ってきた時の安心感。1日を作るのに重要な玄関には、今の気分を象徴する花を。

SOFA

ソファまわりやキッチン、食器棚など、よく過ごす場所に花があると、手入れも楽しくなります。

TOILET

どんな人も、トイレに行かない日はありません。多くの時間を過ごす場所を改善すると毎日は変わります。

ブーケも小分けにしてみる

小分けにすれば、数か所に飾れます。
長さに合わせて花瓶を選んで！

Point ▸ 同じ種類の花を抜き出して、サイズの合う瓶を選んで！

#2

毎朝少し、花の手入れをすること

家じゅうの植木に水をあげて、花瓶の水を替えると、雨が降った後の大地のようにすがすがしくなり、清浄機よりも部屋の空気を変えてくれる気がします。祖母や母が庭に出てホースで水をまくのを見ながら、隣に机を出してきて宿題をしたり、おにぎりを食べたりと、一緒に過ごすのが好きでした。

私の家はマンションなので、ベランダで植物を育て、娘と水やりや収穫を楽しんでいます。

枯らしてしまいがちな人へ

育てて楽しいBEST 3

1 育てやすい植物

ローズマリー

庭がなくても、鉢植えや水耕栽培でも育つローズマリー。切ってもまた生えてきてくれるのがかわいいのです。

2 使える植物

南天

和食に添えるだけでぐっと本格的になる南天は、スーパーで買うよりも育てたほうがお得。

ミント

アップルミントにペパーミント、たくさんの種類を育ててデザートやハーブウォーターに。

3 収穫できる植物

レモン、いちご

収穫できると、達成感！　旬になったら収穫する予定を入れて、少しずつ大きくなる実を楽しんで。

#3

季節の花にくわしくなること

かわいいなと思った花を家に飾るだけでも十分ですが、「そろそろ、あれが花屋さんに並ぶ時期だな」なんて思って過ごすと、生活全体に少しずつ季節感が出てきます。

〝先の楽しみ〟は、人間を元気にします。「秋がくるから、帰りにワレモコウを買って、焼きりんごでも作ろうかな」なんて思うだけで、昨日と同じ夕飯の買い物だって楽しくなるから不思議です。

季節を楽しむお花カレンダー
Flower Calendar

花言葉と一緒に、飾るのも贈るのも楽しもう

1月
スイセン
花言葉
「自己愛」

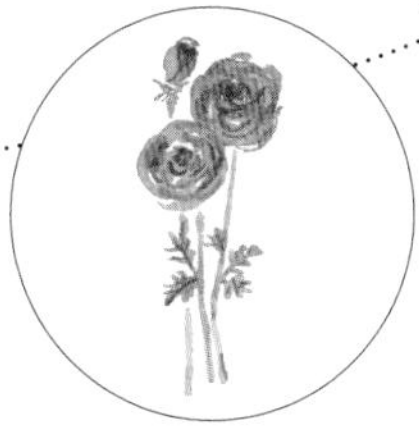

2月
ラナンキュラス
花言葉
「とても魅力的」

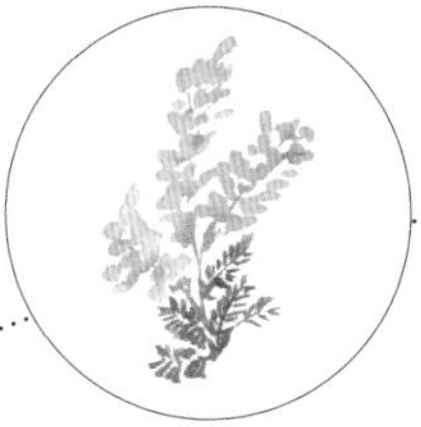

3月
ミモザ
花言葉
「優雅」

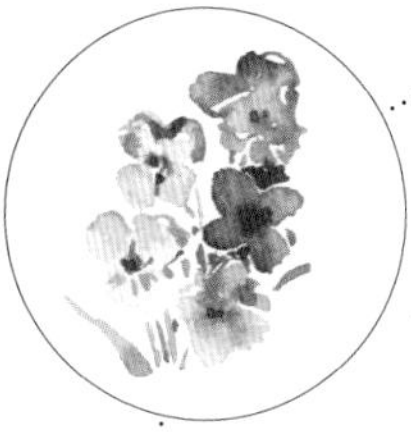

4月
パンジー
花言葉
「もの思い」

5月
すずらん
花言葉
「ふたたび幸せが訪れる」

6月
アジサイ
花言葉
「一家団欒」

7月
ダリア
花言葉
「あふれる喜び」

8月
利休草
花言葉
「奥ゆかしさ」

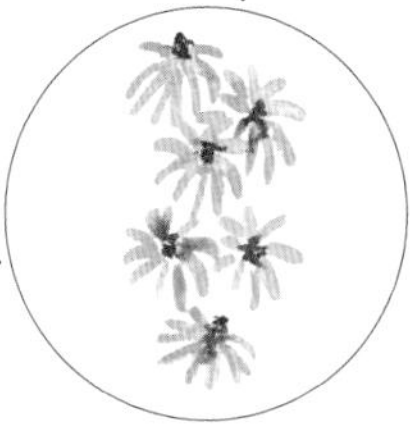

9月
ルドベキア
花言葉
「正義」

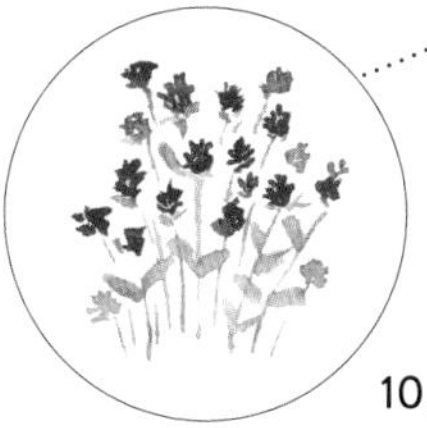

10月
センニチコウ
花言葉
「色あせぬ愛」

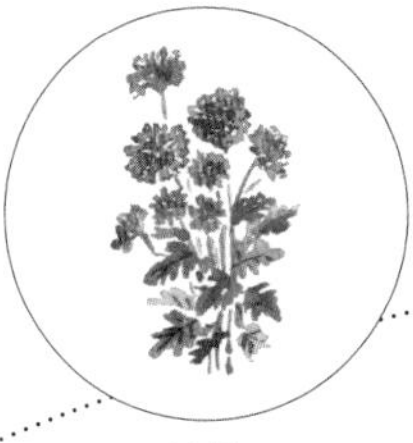

11月
スプレーマム
花言葉
「清らかな愛」

12月
カーネーション
花言葉
「無垢で深い愛」

ずっと使える、お花の小ネタ帳

お花初心者さんが知っておきたいこと

色合わせのコツは
メインカラー+その同色+
グリーン+ひと癖ある花
活ける黄金比は
花瓶に対して出ている花の縦：横
＝1：1
1
:
1
:
1
1
:
1
水の入れ替えは、
極力２日に１回
花瓶の水を替える時に、
花瓶の内側のぬめりをとる
水の量は
花瓶の1/3程度
活ける時に
茎を斜めにカットして
元気がなくなったら、再度切る
水につかっている
葉はおとす

花瓶に活ける時の 3 Step

1

まずはグリーンから入れて、黄金比を決める

2

メインの花は少し短めにして、下に配置する

3

すきまを埋めるように同色系とグリーンをさす

Point ▸ 全部が同じ方向を向かないようにする

持っていると便利な花瓶

#1 小花用

ジャムの瓶やチーズの瓶でもOK！

オススメの花：
パンジーや、センニチコウなどの小花

横5～7センチ、高さ8～10センチ

#3 大きめ

背が高くても開口部が狭ければ花は少量でOK

オススメの花：
ヒマワリやラナンキュラスなど背の高い花

横10～12センチ、高さ15～20センチ

横8～10センチ、高さ10～15センチ

#2 中くらい

実は使いやすい、オーバル形

オススメの花：
ヒヤシンス、チューリップなど、茎がややしっかりしているもの

Scoop!

花瓶の中に小さな瓶を入れておくと形がくずれにくい！

もと○○の花瓶たち

マスタード瓶　　クッキー缶　　紅茶のポット　　栄養剤（なんとソルマック！）　　ジュース瓶

季節を感じる花の楽しみ方

小さな花とエンドウの葉を
合わせると、ふわっとツルが
かかってかわいい形に。

いっせいに花が咲きはじめる春のテーマカラーは黄色と紫。小ぶりな花を集めて、野花のイメージに。花瓶は派手なものを使わず、自然の色を楽しみます。

実はこのグリーンの寸胴は、
かつて我が家のぬか床でした。

水色の花瓶を差し色に。

洗面台やキッチン、
よく使う場所は
パッと明るくなる
黄色で統一。

大きくて長いスイセンは、
床に飾るとバランスが取れます。

棚には春色の
キャンドルや
小物も合わせて。

バスケットで
苗を育てて、
イースターを
満喫。

SPRING

つるせるフックを
用意しておくと、
どこにでも
飾れて楽しい。

バスケットに布を1枚
入れると、ぐっと楽し
さがアップ。

このページで
主に使っているお花

パンジー、ラッパスイセン、
リュウココリネ、セリンセ、
ツルバキア、エンドウ、
スノーフレーク、
グリーンベル

小さな苗を
たくさん買ってきて、
バケツに寄せ植え。
底に穴を空けるのを
忘れずに。

Summer

家じゅうが青と白に変わる夏は、花よりグリーンがメイン。小さな頃は、毎年この時期になると登場するガラスのヤシの木が置かれると、もうすぐ夏休みがやってくる合図でした。

真っ白な水差しに、
夏らしい花を
さして玄関に。
チョコレートコスモスで
大人っぽく締めます。

ホーローの器に
青いヒメリンゴを重ねれば、
しばらく楽しめる
フレッシュなディスプレイに。

ガラスの
ヤシの木登場！

季節のポストカードと、
ブルーのキャンドルの
合間に花を飾れば、
一輪でもハーブだけでも、
十分に夏のアレンジが
完成します。

お風呂場や洗面台には
小さな鉢を。
水場が近いと、
毎日の水やりも便利！

和風に見えるアジサイやグリーンも、
鉢を英字新聞で包んで
バケツに入れれば
玄関を夏らしく
演出してくれます。

海外から持って帰ってきた
ヨーグルトの空き箱を
再利用して鉢入れに。

このページで
主に使っているお花

リキュウソウ、チョコレートコスモス、
アルストロメリア・デルフィニウム

オレンジ色に合わせるのは、
茶色とグリーン。
海外の収穫祭のような
アンデスコーンも活躍してくれます。

AUTUMN

母は季節ごとのグッズが入った箱をたくさん持っていて、「秋」の箱には大小様々なハロウィンのかぼちゃがたくさん入っています。あたたかいオレンジが家を包む秋のはじまりです。

ハロウィン柄のリボンは、
ロールのまま置くだけで◎

食器棚の間にも
小さなかぼちゃを置いて、
季節を楽しみます。

オバケのガーランドランプを
小さく光らせて。

大きなかぼちゃは、玄関や床に直置き。
布で作ったリースもハロウィン仕様に。

マスタードの空き瓶は、
分厚くてほっこりしているので
秋の花にぴったり。

このページで
主に使っているお花

キイチゴ、スプレーマム、
ポンポンマム、ヒオウギ、
アカシア、アンデスコーン、
カンガルーポー、ラナンキュラス

Winter

大きなリースを玄関に飾って、家を一気にクリスマス仕様に。11月から12月25日の、この時期だけ使えるマグカップや器も登場させます。

玄関には、リースとサンタさんへのメッセージプレートも。ヒムロスギはリースだけでなく、テーブルランナーにも大活躍します。（P70参照）

植木の中にはフェアリーライトを。寝る前に暗くしたリビングで優しく光ります。

シナモンスティックも、ワイヤーをつければアレンジの一部に。

いつもの玄関も
ランナーを敷くだけで、
ぐっとクリスマス
らしくなります。

大ぶりなユーカリや、
赤い小さな花が
かわいいシキミアは、
他の花と合わせずとも、
それひとつで◎

ドライになっても楽しめるバラの実は、
水場が遠い本棚にぴったり。

通年の観葉植物にも、
冬仕様の鉢カバーを
かぶせます。

このページで
主に使っているお花

ヒムロスギ、アセビの葉、
カーネーション、スプレーマム、
スプレーバラ、カンガルーポー、
ギョリュウバイ、ユーカリ、
バラの実、シキミア

#4

やりたいことは書き出してみること

人が家に大勢来る時など、母は決まってノートにレシピや準備したいものを書き出します。そこにはちょっとした絵（けっしてうまいわけではない）も添えてあって、子どもながらに、何か叶えたいことがある時に作戦を立てるのってすごく楽しいんだ、と思っていました。

夢と不安に包まれていた学生の頃、私もいつもノートの中で気持ちをまとめ、作戦を立てていました。

POINT

事務的ではない、お気に入りのノートを選び、ページを楽しくすることで、ずっととっておきたいものに！

momoyo's note

父とのデートに向けて、コーディネートの絵まで描いてその日を楽しみにする、乙女だった母。楽しみな予定や気持ちを書き出すところは、今もほとんど変わっていません。

moe's note

モヤモヤも含めて、気持ちを全部書き出して、自分とmtgするノート。大きいことから小さいことまで野心を言語化すると、明日何をすべきかがシンプルになります。

#5

いつでも、ちょっと先の自分を思いやること

昔から、夕食を食べてだんらんが終わり、寝るまでの時間に、母はソファで寝落ちします。それがとにかく好きなのだそう。ただ必ず、夜が更ける前にむくっと起きて、おもむろにクッションを整え、部屋を片づけだします。これは明日の朝の自分が、楽しく起きてこられるための準備なのだそうです。少し先の自分への思いやりが、自分を助けてくれるのかもしれません。

うれしかったカードを冷蔵庫に

描いてくれた絵や手紙、今の気分のカードを１日に何度も開ける冷蔵庫の扉に貼るのは、祖母の代からの受けつぎごと。

朝ごはんをしこんでおく

おいしいパンやバター、コーヒーなど、朝、ベッドで思い出したらうれしくなって起きられるような楽しみを。

目が合う存在を置いておく

なぜか小さなアヒルが点在している我が家。１人の時に目が合うと、くすっと笑える存在は意外と貴重。

味覚狩りにくわしくなる

新しい季節の訪れが楽しくなる、味覚狩り。我が家の定番はいちご、さくらんぼ、ブルーベリー、りんご。

ぽっちり甘いものという魔法

デザートというほどでもなく、ちょっと甘いものが欲しい時の合言葉。いつでもぽっちり用意されています。

#6

便利よりも、好きで選ぶこと

母は買ってきたものをほぼ必ず自分の好きな容器に詰め替えます。とはいえ、きちょうめんでもないので、ティッシュを取ろうとしたらかたまりになって出てくることもあったりして、父に「もうやめたら？」なんて言われたりもしています。でも、新しくティッシュを買ったらちゃんと詰め替えている父を見ると、家を愛そうとする気持ちは家族に伝わっていくんだなと実感するのです。

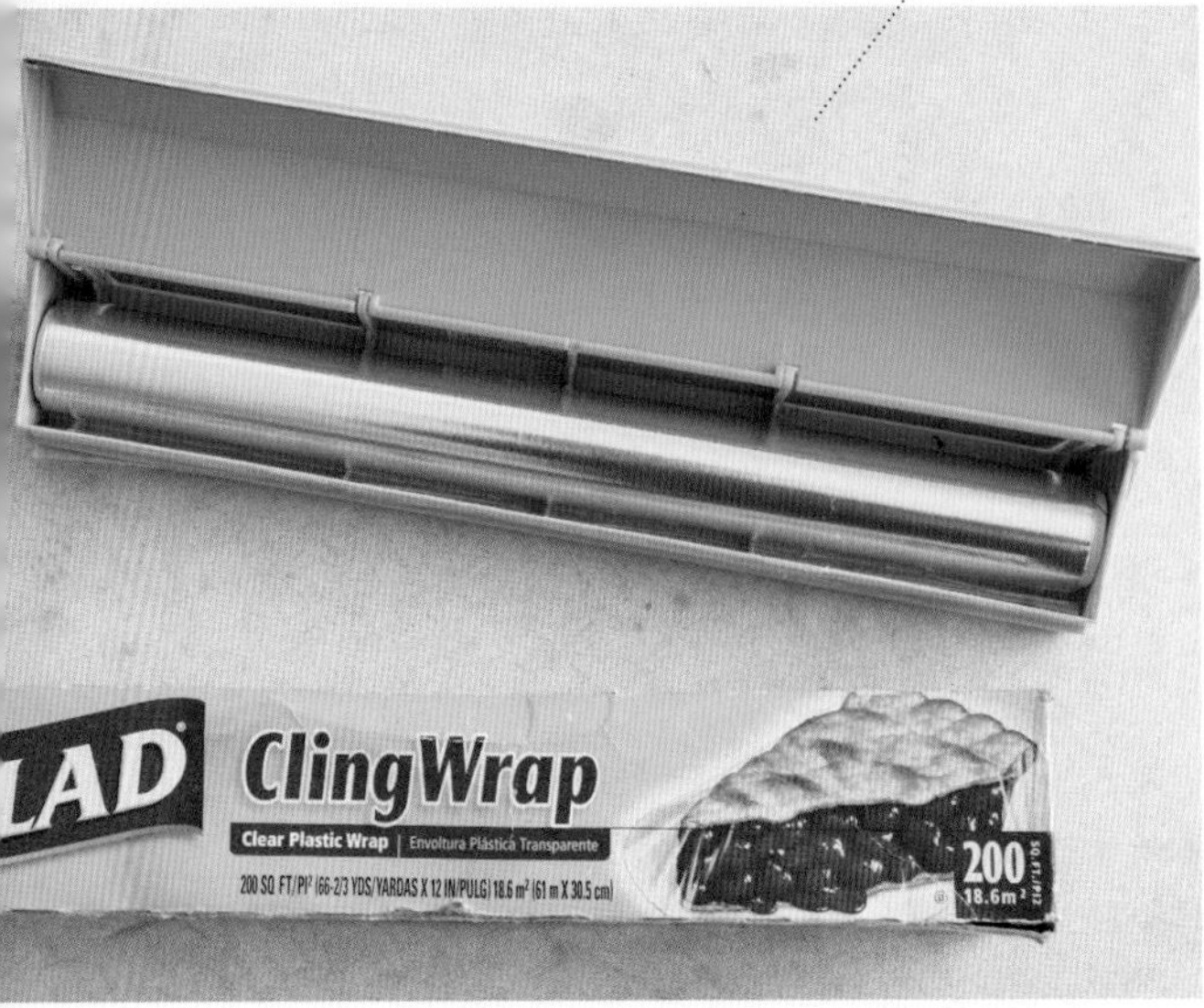

ずっと詰め替えて使っている海外のラップたち。

季節ごとに衣替えする、各部屋のティッシュ。

お箸やストローは、クッキーやコーンフレークの空き箱に。長さがぴったり。

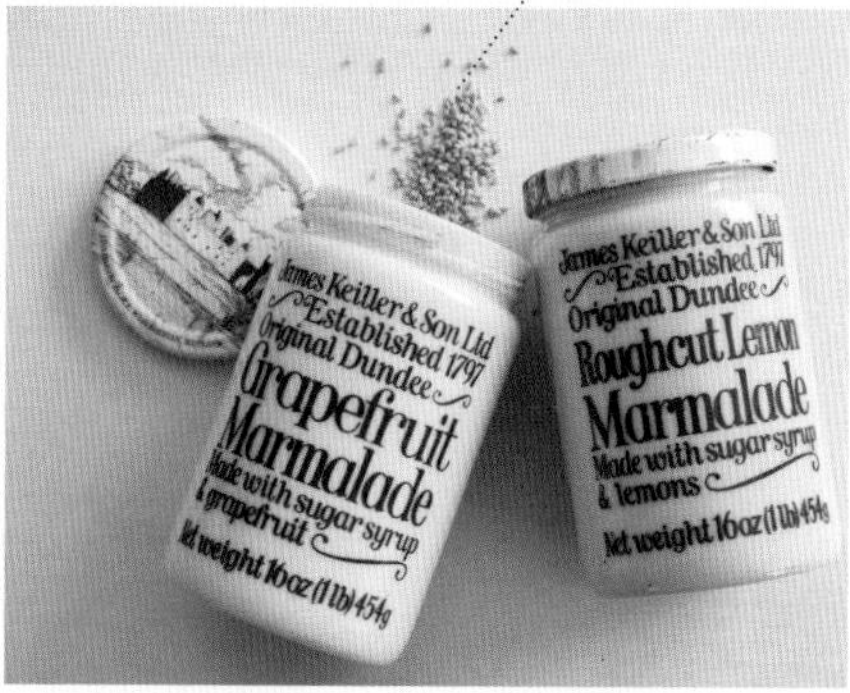

その昔、祖母から受けついだマーマレードの瓶にごまを。

ピーナツバターのパッケージにコーヒー粉やコットンをたっぷりと。

パスタは袋から出して、ひと束ずつ缶の中に。

毎日使うコーヒーフィルターは、パンケーキミックスの空き箱に入れて棚の上に。

箱はすっかりぺちゃんこですが、母のランドリーコーナーの宝物。

7

飽きたら、捨てるんじゃなくて色をぬること

家でぬっちゃおう！

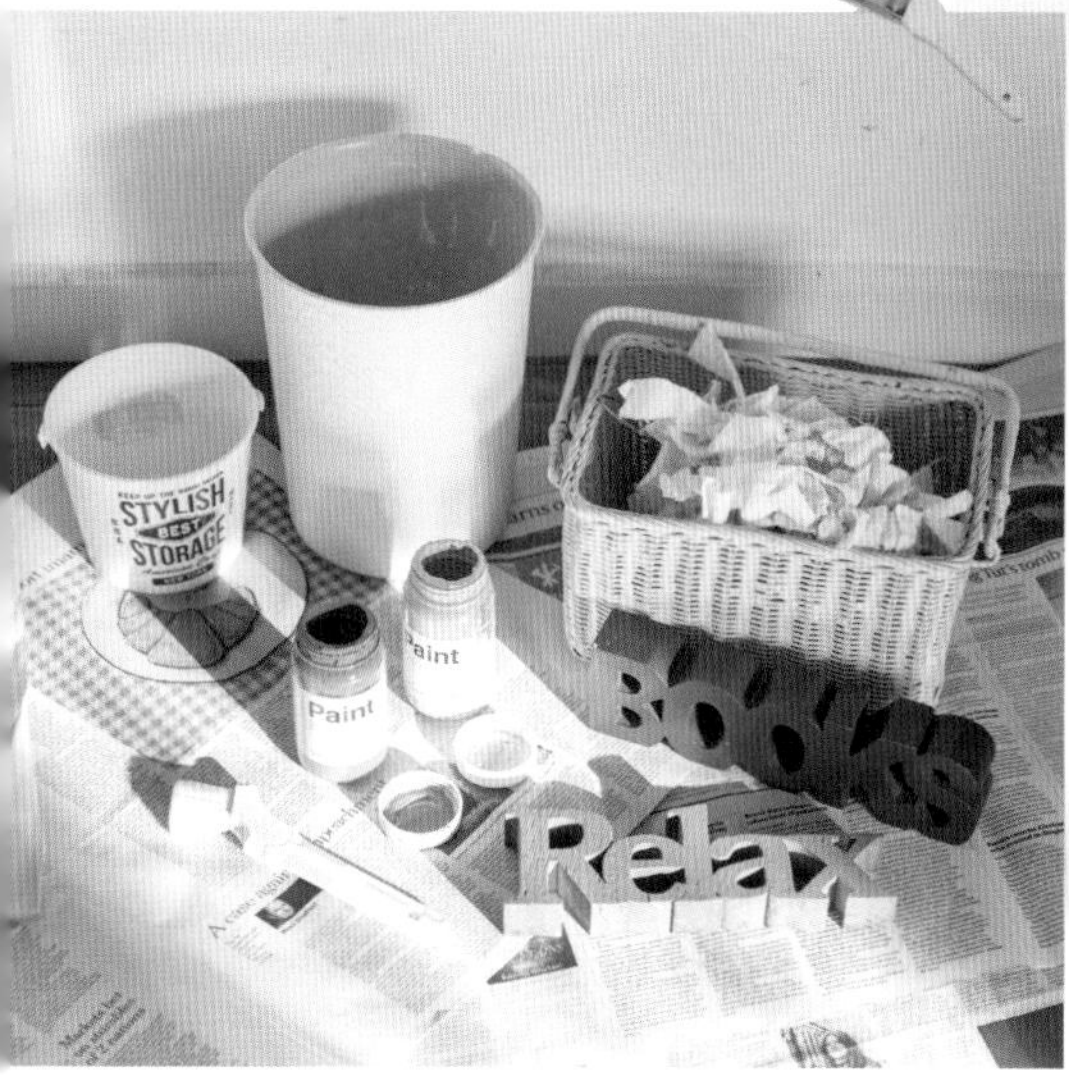

こんなものも、色をぬって変身！

ゴミ箱やアルファベットオブジェも、好きな色でぬれば一気にオリジナルに！

家を出た時には白かったポストが、帰ると紺色になっていたりと、母が突然思い立って色をぬっていることがよくあります。近くで見ると手作り感があるのは否めないのですが、それでもその、「思い立ったらまず自分でやってみる」というDIY精神を私も存分に受けつぎ、見飽きたものも、捨てる前に自分の手で変身させて、お気に入りのものに変えられるようになりました。

準備するもの

- はけ
- スプレーペンキ
- ペンキ
- ビニールシート
- 下に敷く新聞紙など
- 水を入れるバケツ
- 手袋

気をつけること

- ちゃんと換気をすること
- まずは小物から挑戦
- 完全に乾くまでは触らない
- ぬりたくないところはマスキングテープなどで養生する
- スプレーはとびちるので注意

#8

季節に合わせて、家の衣がえをすること

夏の間だけ使うグリーンのお皿や、秋になるとキッチンに出てくるオレンジ色のヤカンなど、母が決めている家の衣がえは、スターバックスの季節の紙カップのようです。ヤカンがいくつもあるなんてちょっとおかしいかもしれませんが、ある日を境に家じゅうの色がガラッと変わって、新しい季節を全力で楽しもうとする母の姿が、子どもの心も楽しくさせてくれました。

家じゅうの衣がえがムリなら「ここだけ」

とはいえ、家じゅう衣がえをするのは、なかなかのハードル。そんな時は「ここだけ」という衣がえポイントを作っておくと楽しい。

ヤカン

片づけ後にコンロの上に唯一残るヤカンにも、ちゃんと季節感を出したいという、母ならではのこだわり。

お皿＆カトラリー

「今日はあの器を使おう」と思いながら、旬の食材を使って料理する楽しさといったら！

ガーランド

扉やベッドの上には布で作ったガーランドを。要らなくなった布を裂いてひもに結ぶだけ。

#9

季節に合わせて、器を衣がえすること

母から「もし家が崩れることがあれば、このお皿を持って逃げるからよろしくね」と小さな頃から言われているお皿は、今も健在です。母が何十年もかけてコツコツと集めた季節のお皿は、年々思い出も積み重なって、それを見るだけで夏のパスタが食べたくなったり、冬のターキーが食べたくなるほど、私たち家族の中に楽しい記憶と共にすりこまれています。

お皿って、なにから そろえればいいの？

まずは、春夏用と秋冬用だけでも使い分けて、少しずつそろえてみるのがおすすめ。この5種類があれば、たいていの料理が取り分けられます。

#5 カップ

お皿に合うカップがあれば最初からセットできます

#4 スープ皿

パスタやリゾット用には深い器を準備

#2 18〜20cmの平皿

メイン皿とバランスの良い前菜皿があると統一感がアップ

#1 23〜25cmの平皿

メイン料理の取り皿は主張しないデザインが◎

#3 カトラリー

カラーバリエーションとまでいかずとも、数種類あると使い分けられて◎

Chapter 2

身近な人が喜ぶことを考える

昔、夕飯の買い物をしにスーパーに出かけた母からの電話に出てみると、なんと近道をしようとして崖を登ったら転んだので迎えにきてほしいとのこと。

弟と走って探しに行くと、当時私がはまっていたお菓子に弟の好きなチーズ、もうすぐ帰国する予定だった父のためのステーキ肉などが散乱していて、その真ん中に転がる母を見て、弟と2人で泣いてしまいました。

母はいつも、誰かのために動いています。「いつでも気持ちよく人に使えるように、お財布には少し多めにお金を入れておきなさい」というのは、祖母の教えでした。うれしいことや楽しいことを見つけると同時に、共有したい人が頭に思い浮かぶのは、身近な人の喜びがそのまま自分の幸せになることを、母や祖母が身をもって教えてくれたからだと思います。

45.7 METERS

10

誕生日を特別な日にすること

誕生日の朝、目を覚まして、階段を降りてリビングに行くのがとても楽しみでした。母が特別な準備をしてくれていることを知っていたからです。

私のいすがリボンと風船で飾られ、その時の私が好きな色や食べ物で作り上げてくれる空間。母がどれだけ今の自分を知ってくれているかということを知る機会でもありました。それはきっと私の自信にもなっていました。

30歳を過ぎてもなお、誕生日を楽しみにできるのは、きっとこうして小さな時から「特別な日」としてすりこんでもらっていたからなのかもしれません。

1日を特別にするアイデア帳

idea

1

大好きなテーマで飾りつけをする

私の小さな頃とは違い、風船が気軽に買えるようになったので、どっさり準備。

少しずつ好きなものが明確になってきた娘には、めいっぱいそれを詰め込んだ空間を作ります。テーマがあると装飾もスムーズ。

1年に1度、自分でキャンドルの火を消せるこの日のケーキは、張り切って準備。トッパーも印刷して自分で作ります。

前日から「明日は主役なんだよ」なんて会話をしながら一緒に準備。娘が眠った後に最後の仕上げをして完成です。

idea
2

テーマに合わせて
テーブルセッティング
をする

ハッピーなスタイリングはお花とカールリボンがポイント。カールの仕方は、小さな頃から母に教わってきました。

その年のテーマカラーに合わせて、母がクロスから紙皿、コップなどすべてを準備してくれるのがうれしかったので、娘にもそっくり同じことをしています。

idea
3

主役になれる
準備をする

洋服

この日ばかりは、特別な気持ちになれる洋服を。大人になった今も、誕生日はその年のとっておきを着たいと思っています。

ぼうし

ティアラやぼうしなど、特別な日を演出する小道具を。これを身につけてみんなに囲んでもらう喜びは誕生日ならでは。

ずっと作ってきてくれた特別な日

Moe's Birthday History

お盆のど真ん中に生まれた私の誕生日は、旅先でむかえることもしばしば。母はどんな場所でもバースデーグッズを一式持ってきてくれていました。

ピンク色のシフォンケーキ、山盛りのようかんなど……、具体的に好きなものをリクエストすると、いつも応えてくれました。

近所の子どもの誕生日も全力でお祝い！

子どもの誕生日を親戚みんなで集まって祝うのは、1年間待ちわびた特別な瞬間でした。

プレゼントだけでなく、必ずカードが添えてありました。大人になってからカードボックスを見て、1歳や2歳の時にもメッセージを書いて残してくれていたことを知りました。

#11

クリスマスは、ちゃんとはりきること

今年のクリスマスは何色にする？　と11月中旬になると母に聞かれていました。母は定番の赤×緑だけでなく、ピンクや紫、様々な色のオーナメントを持っているので、子どもたちのリクエストを聞いて、みんなでその年のテーマカラーでツリーを飾るのがイベントになっていたのです。サンタさんに何通も手紙を書きながら、当日までの日々を過ごすのが大好きでした。

この時期しか使えない"JOY"なるクッション。

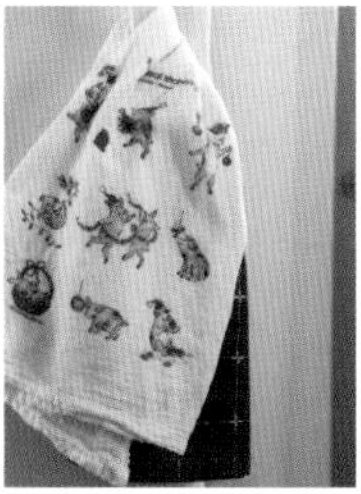

家じゅうのタオルも
クリスマス。

家じゅうをクリスマスにする

こんなタオルもあります。

窓辺にもクリスマスグッズが並びます。

使うのが忍びない愉快なトイレットペーパー。

食器棚からのぞくお皿も、赤くなります。

カウントダウンを目一杯楽しむ

IDEA 1

テーマカラーのクリスマスツリーを飾る

ツリーを飾りつけ、家じゅうをクリスマス仕様に。12月に入ってアドベントカレンダーが渡されたら、いよいよカウントダウンです。

IDEA 2

クッキーを焼いてツリーに飾る

オーナメントにするクッキーを焼くのは、私の代からのオリジナル。家じゅうが香ばしいかおりに包まれる幸せな時間です。

IDEA 3
サンタが出てくる絵本を毎晩読む

私もずっと読んでもらっていた『さむがりやのサンタ』を娘にも。「今年はサンタさんに何の飲み物を用意する?」なんて話で盛り上がります。

祖母に読んでもらった楽しい口調を思い出しながら、娘にも読み聞かせ。

IDEA 4
12月になったらクリスマスのパジャマを着る

なぜか毎年、母がこの時期だけのパジャマを用意していました。娘に同じことをしている私は、きっとそれが好きだったのだと思います。

今も冬に実家へ帰ると支給されるクリスマスパジャマ。母とすっかり同じ大きさになった私は、母と色違いを渡されます……!

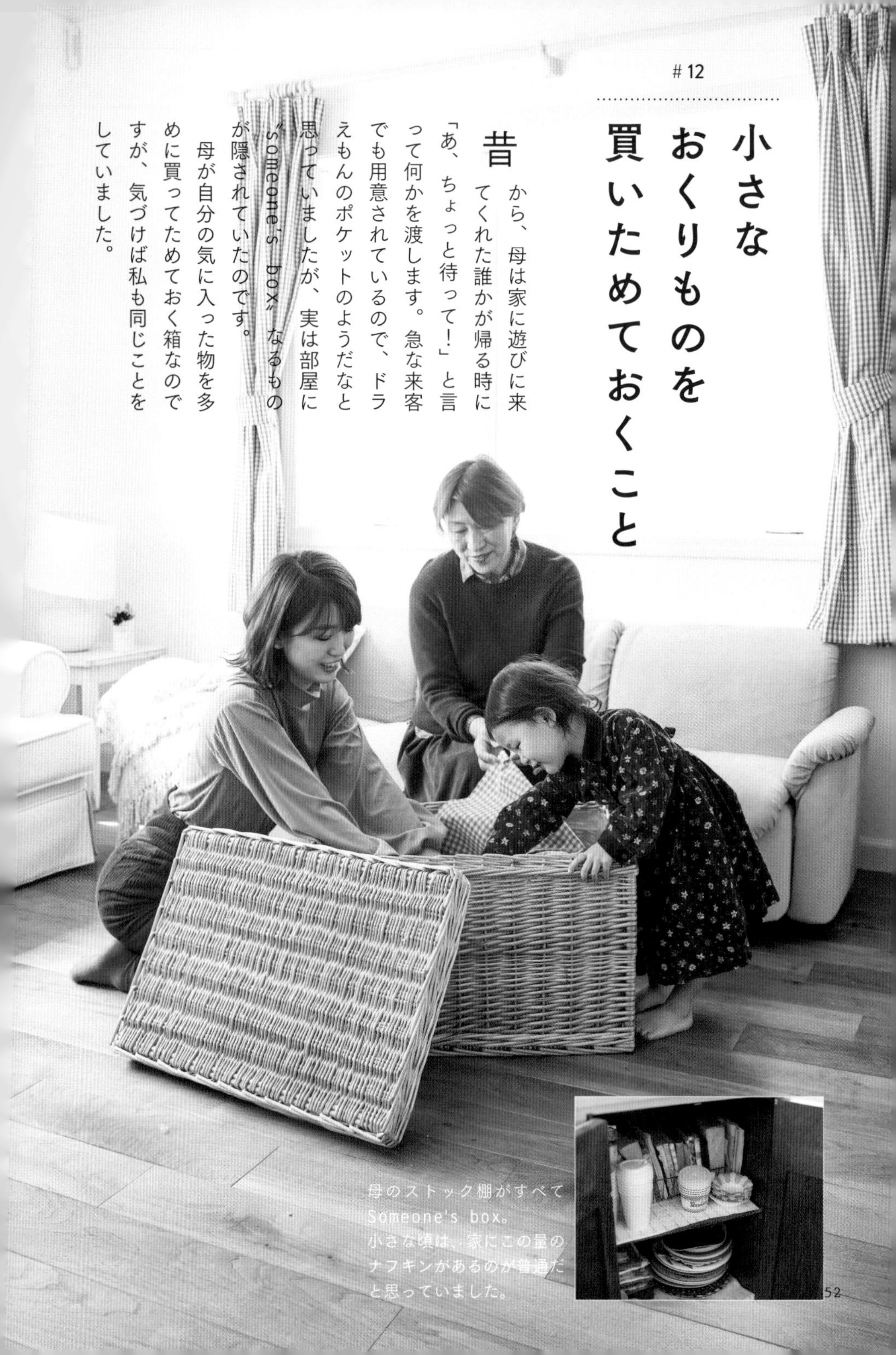

12

小さなおくりものを買いためておくこと

昔から、母は家に遊びに来てくれた誰かが帰る時に「あ、ちょっと待って！」と言って何かを渡します。急な来客でも用意されているので、ドラえもんのポケットのようだなと思っていましたが、実は部屋に“someone’s box”なるものが隠されていたのです。

母が自分の気に入った物を多めに買ってためておく箱なのですが、気づけば私も同じことをしていました。

母のストック棚がすべてSomeone's box。小さな頃は、家にこの量のナフキンがあるのが普通だと思っていました。

いつでも誰かに譲れるけど、とっても愛しい物たち

小さな袋

プチギフトを入れるための袋も、ほめられればそのままギフト要員に。

ベビー服

急な出産報告でもすぐに渡せるよう、男女のベビー服をストック。
ラッピングして渡します。

紙ナフキン

季節は感じたいけど、なるべく消え物をギフトしたい時に最適なナフキン。

季節の香り

お客さんに家の香りをほめてもらったら、ストックをすぐにおすそ分け。

ミニブーケと花器

庭や鉢から摘んで束ねるだけのミニブーケはギフトにしやすくて◎

かわいい保存袋

スーパーには売っていない、絵柄のついた保存袋は、忙しい人に喜ばれます。

手が汚れないクレヨン

小さな子が家に遊びに来た時用のクレオロール。我が家でも代々愛用しています。

13

イベントには定番の料理を作ること

旅行に向かう車の中でのお弁当、テスト最終日のステーキなど、母はいつもイベントに定番の料理を作ってくれました。私が中高生で少し反抗的になるような時期、朝にけんかをしたまま家を出たとしても、翌日がテストだとすれば、母はたっぷりとロールカツを揚げて待っていてくれました。直接言葉にこそしませんが、いつだって食卓は家族のコミュニケーションの場所でした。

季節の変わり目のカラフルサラダ

季節の変わり目に「もう、いちごが出てたよ」なんて話をしながら作るカラフルサラダ。旬のフルーツや、変わった野菜を買ってくるのは母ですが、祖母にほめられて以来、作るのは私が担当。

材料（４人分）※すべて適量

- 旬のフルーツや野菜
- ハーブ （ミント、バジルなど）
- チーズ （モッツァレラ、カッテージ、マスカルポーネなど）
- バルサミコ酢
（食材に合わせて赤か白を選ぶ）
- オリーブオイル
- 塩

作り方

①フルーツや野菜を食べやすい大きさにカットする。
②ボウルに①と一口大にちぎったチーズを入れ、オリーブオイルとバルサミコ酢、塩をかけて軽く混ぜる。
③②を皿に盛り、ハーブをトッピングする。

テスト前日のロールカツ

学校でテストがある前日に母がよく作ってくれたロールカツ。とても3人で食べきれる量ではないくらい作ってくれたけど、いつもぺろりとたいらげてしまって、白米を何膳おかわりしたかなぁ。

材料（4人分）

・豚薄切り肉…350g
・にんじん…小1本
・いんげん…150g
・たまご…1個
・小麦粉…適量
・パン粉…適量
・油…適量
・塩こしょう…適量

作り方

①にんじんは4センチほどの拍子切りにする。いんげんは4センチの長さに切る。鍋に湯をわかし、どちらもさっとゆでておく。
②①をだいたい2本ずつ、豚薄切り肉で巻き、塩こしょうをふる。
③②にときたまご、小麦粉、パン粉をつけ、熱した油できつね色になるまで揚げる。

夏休みのフルーツポンチ

子どもが集まる日に作ってもらっていたフルーツポンチ。器を半分に切ったスイカにすると盛り上がります。

材料（4人分）※すべて適量

・りんご
・いちご
・パイナップル缶詰
・バナナ
・ブルーベリー
（家にあるフルーツならなんでも）
・サイダー（三ツ矢サイダーのように甘いもので◎）
・ミント

作り方

①フルーツを食べやすい大きさにザクザク切って器に入れる。
②サイダーを注いでミントを添える。

寒い朝の、
カラフルポタージュ

子どもの頃から「明日の朝ごはんが楽しみ」と思いながら眠りについていた私にとって、寒い朝に母がたっぷり作ってくれるポタージュは何よりの楽しみでした。

材料（４人分）

・野菜（紫キャベツ1/2個またはにんじん２本またはカリフラワー1/2個）
・玉ねぎ…1/2個
・牛乳か豆乳…200ml
・水…150ml
・ローリエ…１枚
・コンソメ…１個
・バター…適量
・塩こしょう…適量
・白ワイン…少々

作り方

①鍋を中火で熱し、バターと薄く切った野菜と玉ねぎを入れて炒め、しんなりしてきたら白ワインとローリエを入れる。
②①に水とコンソメを入れて弱火でコトコト15分くらい煮る。火を止め、粗熱が取れたら、ローリエを取り出してミキサーにかける。
③②を鍋に戻し、牛乳か豆乳を足して塩こしょうで味を整える。

父が帰国する日の
付け合わせポテト

父が帰国する日は我が家のお祭り。どんなに夜遅くても父が帰ってくればステーキを焼いて、そこに添えられたポテトをつまみ食いするのが好きでした。

材料（４人分）

・冷凍ポテト…１袋
・アンチョビフィレ…５切れ
・にんにく…適量
・ローズマリーまたはタイム…適量
・塩こしょう…適量

作り方

①フライパンにたっぷりのオリーブオイル（分量外）を中火で熱して、みじん切りにしたにんにくとローズマリーまたはタイムで香りをつける。
ポテトをフライパンに入れて強めの中火で炒める。
②①に小さめに切ったアンチョビフィレを入れ、一緒に炒める。
③こんがりとおいしそうな色になったら油を切り、塩こしょうをして、お皿に盛る。

娘に受けつぎたい、焼き菓子レシピ

小さい頃、たまに母が「プリンでも作ろうか？」と言ってくれるのが好きでした。それを受けつぎたくて、娘とは毎月お菓子作りをしています。いつかこのレシピをアレンジしてくれたら、なんて思っています。

材料（４人分）

【ケーキ】

・にんじん…２本
・砕いたクルミ…適量
・たまご…２個
・サラダ油…110ml
・三温糖…180g
・塩…ひとつまみ
・バニラエッセンス…適量
・薄力粉…130g
・重曹…小さじ１
・シナモンパウダー…適量
・カルダモンパウダー…適量

【フロスティング】

・クリームチーズ…100g
・バター…30g
・三温糖…50g

作り方

①ボウルにサラダ油、三温糖を入れ泡立て器で混ぜ、たまごを入れてさらに混ぜる。
②①のボウルに塩、バニラエッセンス、すりおろしたにんじんを入れてさらに混ぜる。
③②のボウルに薄力粉、重曹、シナモンパウダー、カルダモンパウダー、クルミの半分を入れてゴムベラでさっくりと混ぜる。
④サラダ油（分量外）を型に塗り、③を流し込み、180度に予熱したオーブンで30～40分ほど焼く。
⑤焼いている間にフロスティングを作る。
室温に戻しておいたクリームチーズとバターをボウルに入れて、よく混ぜてから三温糖を入れてさらに混ぜる。
⑥焼きあがったケーキが冷めたら型からはずし、フロスティングをぬり、最後に残りのクルミを散らす。

少し硬めのクッキー

材料
（80〜100枚分）

- 小麦粉…300g
- バター…100g
- 砂糖…150g
- たまご…１個

作り方

①ボウルに室温に戻したバターと砂糖を入れてゴムベラで混ぜ合わせる。
②別の容器で溶いたたまごを①のボウルに入れ、ふるった小麦粉を加え、手でこねる。
③ラップに包んで丸めて、冷蔵庫に入れて１時間くらいおく。
④生地を冷蔵庫から出して、めん棒でのばし、クッキー型で型を抜く。
⑤180度に予熱したオーブンで18分ほど焼く。

ラベンダーのショートブレッド

材料（20枚分）

・小麦粉…140g
・バター…70g
・砂糖…50g
・食用ドライラベンダー…少々
・塩…ひとつまみ

作り方

①室温に戻したバターをボウルに入れ、砂糖、すり鉢で細かくしたドライラベンダー、塩を入れ混ぜ合わせる。
②①にふるった小麦粉を合わせ、手でよく混ぜる。ラップに包んで丸め、冷蔵庫で１時間おく。
③生地を冷蔵庫から出し、めん棒でのばして四角く切り、クッキングシートを敷いたトレイに乗せる。
④生地につまようじで穴を開け、150度に予熱したオーブンで30分ほど焼く。

材料（6個分）

【レモンケーキ】
- 薄力粉…40g
- アーモンドプードル…10g
- ベーキングパウダー…3g
- バター…50g
- グラニュー糖…40g
- たまご…１個
- レモン汁…大さじ1/2
- レモンの皮… 少々

【アイシング】
- 粉糖…60g
- レモン汁…小さじ２

作り方

①常温に戻したバターをボウルに入れてもったりするまで泡立て器で混ぜ、グラニュー糖を入れてさらに混ぜ合わせる。
②別の容器で溶いたたまごを、①に少しずつ入れて混ぜる。
③薄力粉、アーモンドプードル、ベーキングパウダーをふるいにかけ、②のボウルに入れてヘラで混ぜ合わせる。
④③にレモン汁とすりおろしたレモンの皮を加え、さらに混ぜる。
⑤型にバター（分量外）を薄くぬり④を入れ、170度に予熱したオーブンで15分焼く。粗熱が取れたら型から取り出す。
⑥ボウルにアイシングの材料をすべて入れ、よく混ぜる。
⑦⑤に⑥をぬりアイシングが固まったら完成。

Chapter 3

くりかえし作る、季節のおうちごはん

電車で小学校に通っていた私は、最寄りの駅に着くと母に電話をしてからバスに乗って帰宅していました。会話は毎日「今から帰るね。今日の夕飯は何?」でした。「色々」という答えを嫌がり、料理名を聞きたがった私は、母にとってはプレッシャーだっ

たかもしれません。父が海外で仕事をしていたために、夕食はほとんど弟と3人で食べていましたが、たとえ子ども相手でも母が季節感を出すことに手を抜くことはありませんでした。

5歳離れた弟も、魚が焼きあがるのに気がつくと、当然のようにはだしで庭に出て南天の葉をとってきて皿に添えるような子でした。「おふくろの味は?」と聞かれると1品を答えることは難しいのですが、理由がなくても人が集まることの多い我が家で、季節ごとに出てくる大皿レシピは、年々楽しい記憶や思い出が重なって、娘に受けつぎたいと思っている大切な味です。

#14

春の、集いごはん

和皿が似合う、春の料理たち。

揚げ物以外は事前に作っておけるので、みんなが集まったらサッと揚げて一緒に座っていただきます。季節に合わせて器を衣替えする我が家では、箸置きの数もなかなかに豊富。1月から4月くらいまで食卓に出すことが許される桜の箸置きに合わせて、桜の枝を飾ります。食卓の小さな枝と、大きな花瓶にさして床に直置きする枝とを分けると華やか。

1 春のサラダ寿司

2 生カリフラワーと生ハムのサラダ

3 豚肉と大葉の一口揚げ

4 たまごは宝物。大根と鶏の煮物

レシピはP73

#15

夏の、集いごはん

夏の休日は、朝から晩までほとんど庭のデッキで過ごします。娘や親戚の子どもたちはビニールプールに入り、その隣で食べたり飲んだりをくりかえす大人たち。それを見かけた近所の子どもも水着で遊びに来たりします。食欲が減退気味な夏はハーブをたっぷり使った、スパイシーな料理がメイン。葉物のグリーンに、トマトの赤など、コントラストがきれいな食材を使って楽しみます。

1. ちゃちゃっとできる、
ヤムウンセン
2. ローストビーフと
生春菊のサラダ
3. ねぎどっさりの
冷しゃぶサラダ
4. 真夏のグリーンカレー

レシピはP74

#16

秋の、集いごはん

食事の準備をしている間は網戸にして外の風を楽しむのが我が家の常ですが、それが少しずつ肌寒くなりスズムシの声が聞こえてくると秋の始まりです。

「盛り付けの時は、大きめのお皿で余白を残して、真ん中部分を高くしながら、最後に葉っぱを添える」というのは、弟と私がよく言われていたことですが、食材が茶色くなりがちな秋こそ、添える葉っぱがポイントになります。

1 秋の味覚の、炊き込みごはん

2 お酒がすすむ、ゆずこしょう風味の唐揚げ

3 青唐辛子と海老のピリ辛パスタ

4 やみつきになる、春雨の豆鼓醤炒め

レシピはP75

#17

冬の、集いごはん

人が集まりがちなこの季節は、大皿が活躍します。クリームチーズで包むサンドイッチケーキは、母が10代の頃から作っている我が家の伝統レシピ。来てくれる人の数に合わせてパン屋さんに頼む食パンの大きさを変えたりして楽しみます。リースにも使えるヒムロスギをテーブルの真ん中にランダムに並べて、すきまにキャンドルを置けば、一気にパーティーテーブルの完成です。

1 フライパンでできる、
ごちそうローストビーフ

2 断面に歓声が上がる、
サンドイッチケーキ

3 牡蠣のデミグラスソースライス

4 フォルムがかわいい、
はんぺんコロッケ

レシピはP76

\# 18

お正月の、集いごはん

大晦日の午後から、母が少しずつお正月の準備を始めて、味見役を務めながら紅白を見るのが大好きでした。1年に1度のお正月は、親戚みんなで各自お重を持ち寄って集っていました。

1. ミートローフ
2. シャケいくらごはん
3. とりだんごとうずらの煮物
4. 中華オードブル

レシピはP77

春の、集いごはん

1 春のサラダ寿司

材料（6人分）

炊いたごはん…2合分
寿司酢…大さじ4
スモークサーモン…100g
ほたての刺し身…10粒
ツナ缶…1缶
大葉…10枚
ルッコラ…1/2束
クレソン…1/2束
ブロッコリースプラウト…1/2パック
ベビーリーフ…1/2束
白ごま…大さじ4
オリーブオイル…大さじ4
しょうゆ…大さじ4
わさび…少々
レモン…1/4個

作り方

①炊いたごはんに寿司酢、油を切ったツナ、千切りにした大葉、白ごまを混ぜて冷ます。
②①を器に平らに盛り、その上にサーモン、ほたて、ルッコラ、クレソン、ブロッコリースプラウト、ベビーリーフ、いちょう切りにしたレモンをちらして飾る。
③オリーブオイル、しょうゆ、わさびを混ぜ、②にまわしかける。

2 生カリフラワーと生ハムのサラダ

材料（6人分）

カリフラワー…1株
生マッシュルーム…1パック（10〜15個）
生ハム…1パック（100g）
玉ねぎ…1/2個
塩…大さじ1/2
レモン汁…大さじ2
好きなドレッシング（ピエトロドレッシングがおすすめ）

作り方

①カリフラワーは食べやすい大きさに切る。生ハムは2〜3センチ幅に切る。玉ねぎは薄くスライスし、水にさらす。しばらくしたらしぼって、塩をかけてもんでおく。生マッシュルームは石づきをとって薄切りにし、レモン汁をかけておく。
②ボウルに①とドレッシングをすべて入れて混ぜる。

3 豚肉と大葉の一口揚げ

材料（6人分）

豚バラ薄切り肉…300g
大葉…20枚
たまご…1個
しょうゆ…大さじ1と1/2
酒…大さじ1
砂糖…小さじ1/2
小麦粉…大さじ3
油…適量

作り方

①豚バラ薄切り肉を10センチほどの長さに切る。大葉を千切りにする。
②①をボウルに入れ、軽く塩こしょうをし、溶きたまご、しょうゆ、酒、砂糖を入れて手でもむ。
③②に小麦粉を混ぜ、直径3〜4センチの大きさに丸め、油できつね色になるまで揚げる。

4 たまごは宝物。大根と鶏の煮物

材料（6人分）

大根…小1本
鶏手羽元…20本
ゆでたまご…8個
めんつゆ…大さじ3
酒…大さじ2
みりん…大さじ1
ごま油…大さじ1

作り方

①大根は皮をむき、1センチの厚さの輪切りにし、透明になるまで下ゆでする。
②鍋にごま油を熱して鶏手羽元を軽く炒め、水（分量外）をひたひたに入れ、大根、ゆでたまごを入れる。
③②にめんつゆ、酒、みりんを入れ、1時間ほど弱火でことこと煮る。

夏の、集いごはん

③ ねぎどっさりの冷しゃぶサラダ

材料（6人分）

しゃぶしゃぶ用豚肉…500g
レタス…1/2個
しらたき…200g
もやし…1袋
しめじ…1パック
ブロッコリースプラウト…1パック
大葉…10枚
青ねぎの小口切り…2本分
酒…1カップ
ポン酢…お好きな量

作り方

①大きめの鍋にたっぷりの水（分量外）と酒を入れて沸騰させる。豚肉をゆで、ザルにとっておく。同じ湯でしらたき、もやし、石づきをとったしめじもさっとゆで、ザルにとっておく。
②皿に一口大にしたレタス、3センチほどに切ったしらたき、もやし、しめじ、肉、ブロッコリースプラウト、大葉、青ねぎの順に盛り付ける。
③②にポン酢をまわしかける。

④ 真夏のグリーンカレー

材料（6人分）

鶏もも肉…6枚
たけのこ…300g
大根…15センチほど
グリーンカレーペースト…大さじ3
鶏ガラスープのもと…大さじ1
ココナッツミルク…1缶
ナンプラー…大さじ1
砂糖…小さじ1/2
生クリーム…大さじ1
サラダ油…大さじ1

作り方

①鶏もも肉は一口大、たけのこ、大根は1センチ角のサイコロ状に切る。
②鍋にサラダ油を中火で熱し、鶏もも肉、グリーンカレーペーストを炒める。
③②にココナッツミルクを入れ、空いた缶1杯ぶんの水（分量外）、大根、たけのこ、鶏ガラスープのもとを入れて煮る。
④具に火が通ったら、ナンプラー、砂糖、生クリームを入れて味を整える。

① ちゃちゃっとできる、ヤムウンセン

材料（6人分）

海老…6尾
鶏ひき肉…50g
緑豆春雨…50g
トマト…1個
紫玉ねぎ…1/2個
パクチー…1/2束
レモン汁…1/2個分
酒…大さじ2
Ⓐ ナンプラー…大さじ1
　 寿司酢…大さじ4
　 鷹の爪…1本（小口に切る）
レモン…1/4個

作り方

①沸騰したお湯に春雨を入れ、ゆでてザルにあげ、水を切る。同じお湯に酒とレモン汁、海老、鶏ひき肉を入れ火を通し、ザルにあげる。
②トマトは1センチ角のサイコロ状に切る。紫玉ねぎはくし形にスライスして、水にさらす。パクチーは茎は小口切り、葉の部分は1センチくらいのザク切りにする。
③ボウルに春雨、海老、鶏ひき肉、トマト、小口のパクチーの茎、紫玉ねぎ、Ⓐを入れ混ぜる。
④器に盛り、ザク切りのパクチーとイチョウに切ったレモンをのせる。

② ローストビーフと生春菊のサラダ

材料（6人分）

牛ももかたまり肉…300g
春菊…2束
クレソン…1束
白髪ねぎ…1本分
みりん…大さじ1
Ⓐ しょうゆ…大さじ3
　 すりごま…適量
　 酢…小さじ2
　 ごま油…大さじ3
　 白だし…小さじ2

作り方

①牛ももかたまり肉に塩こしょう（分量外）をすりこみ、強火で熱したフライパンで6面すべて焼き目をつける。しょうゆ大さじ1（分量外）をまわしかけて火を止め、肉にホイルを被せてそのまま冷ましておく。冷めたら薄切りにする。
②春菊とクレソンは食べやすい大きさに切る。
③みりんをひと煮立ちさせ、Ⓐを混ぜる。
④①、②、③を混ぜて器に盛り、白髪ねぎをのせる。

秋の、集いごはん

1 秋の味覚の、炊き込みごはん

材料（６人分）

米…３合
鶏もも肉…１枚
にんじん…１本
だし汁…480ml
ごま油…大さじ1
しめじ、しいたけ、えのき、まいたけ
…各１パック
しょうゆ…大さじ１
酒…大さじ１

作り方

①鶏もも肉は一口大に切り、細切りにしたにんじん、石づきをとって食べやすい大きさにしたきのこと一緒にごま油で炒めておく。
②炊飯器に米と①、だし汁、しょうゆ、酒を入れて炊く。

2 お酒がすすむ、ゆずこしょう風味の唐揚げ

材料（６人分）

鶏もも肉…１枚
しょうが…２片
にんにく…２片
しょうゆ…大さじ２
酒…大さじ２
みりん…小さじ1
ゆずこしょう
…小さじ１
小麦粉…適量

作り方

①鶏もも肉は大きめの一口大に切り、密封袋に入れる。
②①にすりおろしたしょうがとにんにく、しょうゆ、酒、みりん、ゆずこしょうを入れてよくもみ、１時間ほどつけこむ。
③②に小麦粉をまぶし、鍋に油（分量外）を熱してきつね色になるまで揚げる。

3 青唐辛子と海老のピリ辛パスタ

材料（６人分）

海老…12尾
青唐辛子…１本
にんにく…３片
大葉…10枚
スパゲッティ…500ｇ
オリーブオイル
…大さじ３
塩こしょう…適量

作り方

①海老の背わたを取る。にんにくはみじん切りに、大葉は千切り、青唐辛子は小口切りにする。
②フライパンにオリーブオイルを中火で熱し、海老、にんにく、青唐辛子を一緒に炒め、塩こしょうで味を整える。
③鍋に湯をわかし、塩（分量外）を入れ、スパゲッティを時間どおりにゆでる。ざるにあげ、ゆで汁お玉１杯分と一緒に②のフライパンに入れて、よくからめる。
④器に盛り、大葉の千切りをのせる。

4 やみつきになる、春雨の豆鼓醤炒め

材料（６人分）

春雨（乾物）…100ｇ
トマト…２個
もやし…１袋
パクチー…１束
ごま油…大さじ１
豆鼓醤…大さじ２
鶏ガラスープのもと
…大さじ１
水…200ml
酒…大さじ２
しょうゆ…大さじ１
砂糖…小さじ1/2

作り方

①鍋にごま油を中火で熱し、ザク切りにしたトマトをつぶしながら炒める
②①に豆鼓醤、鶏ガラスープのもと、水、酒、しょうゆ、砂糖を入れて混ぜる。
③②に春雨を入れて煮る。煮あがったらもやしを入れ、火を止める。
④器に盛り付け、ザク切りにしたパクチーを散らす。

冬の、集いごはん

① フライパンでできる、ごちそうローストビーフ

材料（６人分）

ローストビーフ用牛肉…800g
にんにくのすりおろし…大さじ２
塩こしょう…適量

作り方

①常温に戻した牛肉のまわりに、にんにくのすりおろし、塩こしょうをもみこむ。
②熱したフライパンで肉の６面すべてに焼き色をつける。
③火を止め、肉にホイルを被せ、フライパンの上でそのまま冷ます。

② 断面に歓声が上がる、サンドイッチケーキ

材料（６人分）

角食パン…１斤
バター…適量
マスタード…適量
クリームチーズ…200g
牛乳…大さじ1
チャービルなどトッピング用ハーブ…適量
ピンクペッパー…適量

【サンドイッチの中身】
アボカド
スモークサーモン
ツナ缶とマヨネーズ
たまごとマヨネーズ
きゅうりとディルとマヨネーズ
など自由に

作り方

①角食パン１斤に、ナイフを横に入れ等分にし、間にバターやマスタードをぬる。
②①の間にアボカドやスモークサーモン、ツナ缶、たまごなど自由に具材を挟んで、どんどん重ねていく。
③ボウルに、室温で戻したクリームチーズと牛乳を入れよく混ぜる。ヘラで②のまわりをコーティングする。
全面をコーティングしたらラップをして冷蔵庫で冷やす。
④しばらくしたら冷蔵庫から取り出して、上にピンクペッパーやハーブをトッピングする。

③ 牡蠣のデミグラスソースライス

材料（６人分）

牡蠣…100g
小麦粉…適量
マッシュルーム…10〜15個
パセリ…１房
バター…適量
デミグラスソース…１缶
炊いたごはん…２合分
パルメザンチーズ…適量

作り方

①牡蠣は水気を切って塩こしょう（分量外）をし、小麦粉をつけてきつね色になるまで揚げる。
②マッシュルームは軸をとり、縦に1/4に切る。軸は半分に切る。パセリはみじん切りにする。
③鍋にバターを中火で熱し、マッシュルームと①の牡蠣を炒める。
④③にデミグラスソースとごはん、パルメザンチーズを入れ、よく混ぜる。器に盛り、パセリをかける。

④ フォルムがかわいい、はんぺんコロッケ

材料（６人分）

はんぺん…３枚
ゆでたまご…５個
鶏ひき肉…100g
塩こしょう…適量
小麦粉…適量
たまご…１個
パン粉…適量
ナツメグ…適量

作り方

①はんぺんは縦半分に切り、それをうすく３枚にスライスする。ゆでたまごをみじん切りにする。
②フライパンにサラダ油（分量外）をひいて中火で熱し、ゆでたまご、鶏ひき肉、塩こしょう、ナツメグを入れて炒める。ひき肉の色が変わったら火を止めてボウルに入れ、小麦粉大さじ２を入れてこねる。
③②を直径４〜５センチほどの俵形に丸め、外側にはんぺんをぐるりと巻きつけ、つまようじで止めておく。
④③にたまご、小麦粉、パン粉の順につけ、熱した油（分量外）できつね色になるまで揚げる。

お正月の、集いごはん

③ とりだんごとうずらの煮物

材料（4人分）

鶏ひき肉…800g
うずらの卵…20個
絹さや…6本
玉ねぎ…大1個
たまご…1個
パン粉…ひとつかみ
中華スープ…小さじ1
酒・しょうゆ…各大さじ2
片栗粉…大さじ2
水…800ml

作り方

①玉ねぎをみじん切りにする。鍋に湯をわかし、中に玉ねぎを入れる。透き通ってきたらザルに取って水を絞ってボウルに入れる。
②うずらはゆでたまごにする。絹さやはさっと湯がく。
③①のボウルに鶏ひき肉、たまご、パン粉を入れよくまぜ、一口大に丸めてとりだんごを作る。大鍋に水を入れわかしてゆでる。
④全部のとりだんごが浮いてきたら、中華スープ、しょうゆ、酒、砂糖もしくはみりん少量（分量外）を入れ、水溶き片栗粉でとろみをつける。
⑤④にうずらを入れ一煮立ちさせ、器に盛り、絹さやを飾る。

---

④ 中華オードブル

材料（2人分）

中華クラゲ…1袋
鶏もも肉…2枚
きゅうり…3本
トマト…3個
ピータン…3個
酒…1/2カップ
【中華ダレ】
Ⓐ ごま油…大さじ5
Ⓐ 寿司酢…大さじ5
Ⓐ 和がらし…適量

作り方

①前日から水をはったボウルにクラゲを入れ何回も水を替え塩抜きをしておく。塩抜きしたクラゲをよく水洗いした後、ザルにあげ熱湯をかける。食べやすい長さに切りボウルに入れてごま油少々（分量外）をかけておく。
②鍋にひたひたの水（分量外）と酒を入れて火にかけ、沸騰したら鶏もも肉をゆでる。
③きゅうりは千切り、トマト、ピータンはくし切りにする。
④Ⓐをボウルに入れてよく混ぜる。
⑤ゆで上がった②を冷まして食べやすい大きさに切って③とともに盛り付け、④をまわしかける。

① ミートローフ

材料（6人分）

合挽き肉…800g
玉ねぎ…2個
たまご…1個
バター…大さじ1
牛乳にひたしたパン粉…大さじ1
塩こしょう、ナツメグ、パセリのみじん切り、赤ワイン、ウスターソース、ケチャップ…適量

作り方

①フライパンを中火で熱し、みじん切りにした玉ねぎとバターを入れて炒める。
玉ねぎの粗熱が取れたらボウルに入れて合挽き肉と合わせる。
②①にたまご、牛乳にひたしたパン粉、塩こしょう、ナツメグ、パセリのみじん切りを入れてよく混ぜ、2つに分ける。それぞれコッペパンのような形に成形する。
③フライパンに油（分量外）をひいて弱火にかけ、②を入れて、出た肉汁をかけながら中までじっくり火を通す。
④焼きあがったらフライパンから③を出して、残った肉汁に赤ワイン、ウスターソース、ケチャップを入れて煮つめてソースを作る。ミートローフを切って盛り付け、ソースをかける。

---

② シャケいくらごはん

材料（6人分）

ごはん…3合分
鮭切り身…2切れ
いくら…好きなだけ
大葉…20枚
白ごま…適量

作り方

①鮭は焼いてほぐしておく。
②炊き上がったごはんをボウルに入れ、①、白ごま、大葉の千切り（10枚分）と混ぜる。
③大きな器に②を盛って、いくらを散らし、大葉の千切り(10枚分)、白ごまを飾る。

受けつぎごとのいろんな形

初めてクリスマスに夫の実家を訪ねた時、ポーピエットという呪文のような名前の料理を食べました。その昔、お義母さんが新聞に載っていたレシピを何の気なしに作ったところ、当時まだ小さかった夫がとても喜んで、それ以来、彼の誕生日とクリスマスにだけ作り続けてきたという、特別な料理だったのです。お義母さんからそのレシピを受けついで、夫の誕生日や、おめでたい日にはこれを作るようになりました。娘の記憶にも、楽しい日に出てくる料理として刻まれていくかもしれません。

お義母さんからの
受けつぎごと

ポーピエット

材料（12個分）

【まんまるのお肉】
- 豚ロースしゃぶしゃぶ用…20~30枚
- 鶏レバー…60g
- 鶏ひき肉…100g
- 豚ひき肉…100g
- 玉ねぎ…１個
- バター…大さじ1
- コンソメ…２個
- 水…800ml
- 塩こしょう…適量
- ナツメグ…適量

【ホワイトソース】
- 玉ねぎ…１個
- マッシュルーム…１～２パック
- バター…70g
- 小麦粉…大さじ７杯くらい
- コンソメ…１個
- お湯…400ml
- 塩こしょう…適量

- ごはん

作り方

【まんまるのお肉】

①玉ねぎをみじん切りにし、熱したフライパンでバターと一緒に炒める。
②①をボウルに取り出し、同じフライパンにオリーブオイル（分量外）を中火で熱し、小さく切った鶏レバーを炒める。
③②のボウルの中に鶏ひき肉と豚ひき肉、②のレバー、塩こしょう、ナツメグを入れよく混ぜる。
④③を丸めてハンバーグのような形にする。これに豚ロースを３～４枚ずつ、中から具がはみ出ないように巻きつける。
⑤鍋にオリーブオイル（分量外）を熱し、豚ロースのつなぎ目部分を下にして焼きつける。反対の面も同じように焼く。
⑥⑤の鍋にコンソメと水を入れる。蓋をして、じっくりことこと中火で煮る。

【ホワイトソース】

①玉ねぎ１個とマッシュルームは薄切りにする。小鍋にバターを入れて弱火にかけ、玉ねぎを入れてしんなりするまで炒める。マッシュルームを入れて炒めたら、小麦粉を少しずつ入れ、木ベラで混ぜる。
②お湯にコンソメ１個を溶かしておく。コンソメスープを①の鍋に入れ、よくかき混ぜる。もったりしてきたら、塩こしょうで味を整える。

【最後に】

器に白いごはん、まんまるのお肉を２つとスープをよそい、ホワイトソースを上からかける。

※お肉もソースも、塩こしょうや水加減は適宜調整してください。

Chapter
4
家族の時間をめいっぱい楽しむ

子どもが小さいうちは、家族で遊ぶのは珍しいことではありませんが、私の家では、私や弟が中高生、大学生の時も、変わらずに家族の時間がありました。今でも、集まればケーキを争奪するためにじゃんけんをするなど、よく遊ぶ家族だと思います。私は家族の中での「萌」という存在が好きでした。大学受験や就職活動、あらゆる進路を決める時、「萌なら大丈夫」としか言ってくれない両親に、他の親みたいに具体的にアドバイスしてほしいと思ったこともありました。だけど私が資

本金10万円で起業するなど、無鉄砲な挑戦ができたのは、長い時間をかけて両親が作ってきてくれた「萌」がいたからだと思います。不安になるたびに、そこに帰ることができました。人は、どれだけ一貫した人であっても、相手やコミュニティの数だけ、自分のキャラクターがあると思います。そんな中で、毎日触れる〝家族の中での自分〟を好きでいられることは、子どもにとってとても重要なことだと思います。

言葉で何かを教えることも大切ですが、何よりも娘には、〝家族の中での自分〟を好きでいてもらえるように、たくさん一緒に遊んで、いつだって彼女の選択をちゃんと信じたいと思っています。

19

定番の格好を作ること

ちゃんとしたお出かけの日のダッフルコートや、夏休みのワンピースなど、母はよくシーンに合わせて定番の格好を用意してくれました。今でもダッフルを見ると嬉しくなったりポケットにキャンディを入れたくなるのは、あの頃のお出かけの思い出があるから。娘も「お手伝いの日のエプロン」をつけると、なんだか忙しそうにホウキで床掃除をしてくれるようになりました。

お出かけの日の
ダッフルコート

近所ではない街にお出かけする日に着ていたコート。代官山のクリスマスカンパニーで買ってもらったキャンディはこのポケットの宝物でした。

森へ行く日の黄色い長靴

泥んこになる日にいつも履いていた黄色い長靴。それが玄関にあるだけでワクワクしたので、娘の初めての長靴も黄色にしました。

外食をする日の
ワンピース

まるでまんがの“サザエさん”みたいですが、週末に祖父母と一緒にデパートの上のレストランで外食をするのがイベントでした。とっておきのワンピースを着た時の高揚感は今も覚えています。

#20

常宿をつくること

小さな頃は、お決まりの旅行が何よりの楽しみでした。大人は自分でどこにでも行けますが、子どもには行き先は決められません。そんな中で、家族旅行の常宿は、家と学校以外の大切な秘密基地のような存在でした。自分だけが知っている部屋から大浴場への近道、名前を覚えていてくれる仲居さん、いつもいる犬……。毎年それを確認することが、自信にすらつながっていました。

定宿選びの家族会議

Moe
昔は毎年、じいじとばあばと親戚みんなで、1週間くらい旅行に行ってたよね。軽井沢のコテージとか、伊豆とか。数か月前から、待ち遠しかったなぁ。

Momoyo
私たちの子どもの頃から行っていて、うれしかった子ども心を覚えているから、子どもや孫も連れて行きたいって思うんだよね。

Moe
いつもと同じことを、同じメンバーでするんだけど、別の場所っていう特別感がたまらなかった。常宿は、家と学校以外に存在する心の秘密基地だったな。学校で嫌なことがあると、その場所のことを思い出して心を落ち着けたりしてたよ。

Momoyo
それが常宿の良さかもしれないね。家族の絆も「お決まり」の中で深まっていくこともあるし。

Moe
大人になってから、彼氏を連れて行って、そこで親戚みんなに紹介したりもしたね。私以外の親戚もそこに恋人を連れてくるのは定番だったような……。やっぱり、常宿で大事なのは温泉かな？

Momoyo
とっくん（萌の夫）も、萌なしで、お父さんとお風呂に入ったりしてたね。

Moe
旅行先って、限られた時間の中で家族が大事にしていることの優先順位が出るから、リアルに、こういう家族なんだって分かってもらえるのは良かったかもしれないね。

Momoyo
温泉、料理、花火とかの季節イベント……常宿になっていく旅館のポイントは色々あるけど、旅館のクオリティというよりは、やっぱり家族で積み重ねてきた「思い出」の良さなんだよね。ばあばが亡くなったり、孫が生まれたりもして、メンバーが少しずつ変わっても、同じ場所で記憶を語り継いでいけるのって幸せなことだな、と思う。

Moe
「天国のばあばも、きっと今温泉入りに来てるね」なんて笑いながら言ったりしてね。新規開拓もいいけど、やっぱり常宿をずっと大切にしていきたいな。

#21

毎年おきまりの場所で写真を撮ること

小学校の同級生だった両親は、19歳の頃に同窓会で再会して付き合い始めました。それから毎年、伊豆の大浜という海辺の堤防で写真を撮っています。最初から決めていたわけではなく「せっかくなら」を続けていたら定番となり、気づけば娘や息子が生まれ、今では私の夫や娘も加わって、我が家にとっては、5月5日に背を刻む柱のような場所となりました。40歳の時に突然地元のジャズバーの経営をやめて上海へ行き起業した父は、今もなお上海で会社を経営しています。当時母は「失敗したら一緒にラーメン屋をやろう。大丈夫！」と言って、2人の子どもを抱えて父を送り出しました（幼かった私と弟は「おいおい、ラーメン屋だって大変だよ」なんてツッコミすらできませんでした）。そんな家族にとって1年に1度、必ず家族4人で行く伊豆旅行は、心の支えでもありました。そしてもしかしたら、毎年決まって同じことをすることで、背がもう伸びることがない両親も、自分たちの成長の確認をしていたのかもしれません。

10 years ago

45 years ago

NOW!

20 years ago

22

テーマを持って家を作ること

母は今の家を最近建てました。それなのに私がここで生まれ育ったような気がするのは、小さな頃から慣れ親しんだ世界観が存分に表現されているからです。大胆な壁紙の柄や色使いも、母はほとんど即決でした。自分の好きなものが明確なのです。トイレから出てくるたびに「あぁ、この壁紙にしてよかった！」と満足げな様子でいるのを見ると、長生きに繋がりそうだなとすら思います。

家は、「自分がずっと好きなもの」で作る

1 好きを集める

自分の好きなものなんて悩むまでもありませんが、それを人に伝えるとなると別問題。まずは好きなものを集めて、好きな世界観をビジュアル化してみることから。

2 やりたいことを書き出す

次に大切なのは、言語化すること。好きな世界観を作るために必要な要素を書き出せば、自分の家に必要なものが見えてくるはず。

3 家族と共有してみる

たとえ「任せるよ」と言われたって、家族と「一緒に決める」ということが、お互いにとって日々の満足感に繋がります。私の場合はピンタレストで夫とボードを共有して、要素について話していました。

玄関から一望できるリビング。

Momoyo's House

おばあちゃんが亡くなって、母が自分の家を建てることになった時、大好きなものがいつでも見える、人が集まりやすい家にしようと決めたそうです。その決意どおり、にぎやかで明るい家になりました。

お気に入りの色、ブルーの壁。

ネイビーでそろえた庭。

いつでも摘みに行けるたくさんのハーブ。

お気に入りのものを置けるキッチンの出窓。

すぐに庭に出られるフレンチドア。

すぐに外に出てごはんを食べられる白いデッキ。

ミントでそろえた寝室兼書斎。

トイレのピンクの壁紙。

ブルーとピンクでそろえた子ども部屋。

ピンクのギンガムチェックのカーテン。

昔のドラマみたいに2階から下をのぞける階段。

好きなものだけを置くカップボード。

工事の時につけてもらったアヒルのスイッチ。

部屋のコーナーにある、大きな窓。

Moe's House

札幌に住んでいた頃、初めて買ったマンションをフルリノベーションしました。夫の転勤により、今は住んでいませんが「こんな暮らしができたらいいな」を詰め込んだ場所でした。

料理を作りながら話せるキッチンカウンターと、たっぷり置ける調味料棚。

汽車の車窓みたいな、ボックス席のダイニング。

リビング一面に広がるヘリンボーンの床。

金具は真鍮で統一。備え付けのタオルラックなどは、真鍮スプレーで。

どうしてもお風呂に窓が欲しくて
リビング側に窓を製作！

季節のディスプレイを楽しむヴィンテージブルーの壁。

23

準備をめいっぱい楽しむこと

季節に合わせて家を衣替えするような母なので、楽しいことの準備はいつだって全力ですが、そのおかげで私はあらゆるライフステージの変化を楽しめました。夫の転勤が突然決まっても、鼻歌交じりにガイドブックを読み始めるたくましさが身についたのは、準備をすることで当日が更に楽しみになることを母が教えてくれたから。小さい娘にも、予定は早めに教えて準備を楽しんでいます。

夢見る少女みたいに張り切る結婚式

私が結婚式のテーマカラーを決めてから、母はひそかにスクラップを始めて張り切ってくれていました。そんな様子なので、ドレス選びの相談もしやすかったなぁ。

新しい暮らしが始まる日の植物

これまで夫の仕事の都合で何度も引越していますが、家具が整った日には母が花を買ってきてくれるので、何もないリビングでも、それだけで新しい暮らしを好きになろうと思えます。

心強かったマタニティ期間

お腹の中の子が女の子だと分かってから、母はベッド周りにガーランドを作り、おむつ入れにピンクの布を貼ったりと、すごく楽しんでくれたので、不安な妊婦期間も楽しめました。私の会社の社員が企画してくれて、母も一緒になってベビーシャワーを作ってくれていたようです。

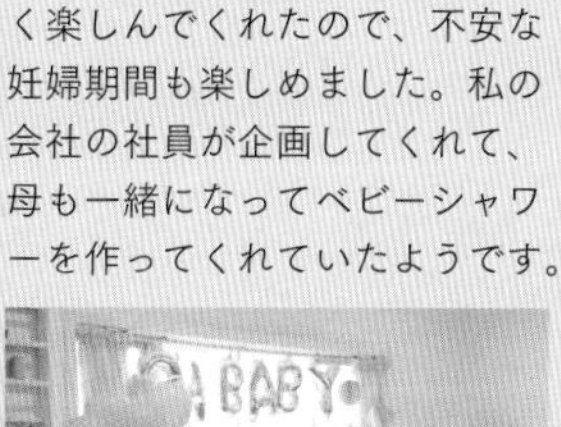

\# 24

子どもの毎日を一緒に楽しむこと

初めて好きな人にバレンタインを渡す時、友達と喧嘩した日、母はいつだって一緒に泣いたり笑ったり、私の毎日が自分ごとのようでした。彼氏ができたらすぐに家に呼びたかったし、家に帰ると友達が母に会いに来ている、なんてこともあるほどでした。「それでね」と、いつだって続きから話せる関係が心地よかったので、私も娘の友達の名前はちゃんと覚えたいな、と思っています。

Talk with family every day!

家族とのコミュニケーション

子どもと話す

自分から話したい時と、質問してくれたら話したい時、話したくない時、子どもの心境は様々です。根掘り葉掘り聞きすぎず、だけど、常に自分のことに興味を持って話を楽しんでくれる姿勢は、きっと子どもに伝わります。

- 友達や先生の名前を覚える
- 以前の会話を忘れない
- そういえば、あれどうだった？と質問をする
- 持ち帰ってきた作品をほめる、飾る

パートナーと話す

「分かってくれていると思ってた」が積み重なると「どうせ分からないでしょ」になってしまいます。少ない時間でもたくさん話して、正解を求めるより「どう思う？」をくりかえして2人にとってベストを見つけたいもの。

- ちゃんと名前で呼び合う
- なるべく一緒の時間に寝る
- ユーモアを忘れない

親と話す

日頃から小さなことを連絡していると、大事な報告や頼みごとをしても急だと思われないはず。私は両親と夫の4人でグループラインを作って、ほぼ毎日そこに娘の写真などを送っています。ちなみに義母と義姉、夫とのグループも！

- 離れて暮らしているなら写真で日常を報告する
- 定期的に温泉に一緒に行く
- 昔からのギャグを楽しむ（家族で漫画を回し読みしているので、ささいなネタが通じるのもうれしいポイント）

25

すぐにできる「非日常」に出かけること

母が「今日はキャンドルナイトね」と言って、夕飯の時に電気を消してキャンドルをつけてくれる日が、弟も私も好きでした。のちに、品数が少なくて食卓が寂しかった日の裏技だったことを聞きましたが、いずれにしても、小さな非日常は大人も子どもも、わくわくします。今の私は、「ママね、いいこと思いついちゃった！」と伝えた時の、娘の顔がたまらなく好きです。

非日常の
アイデアいろいろ

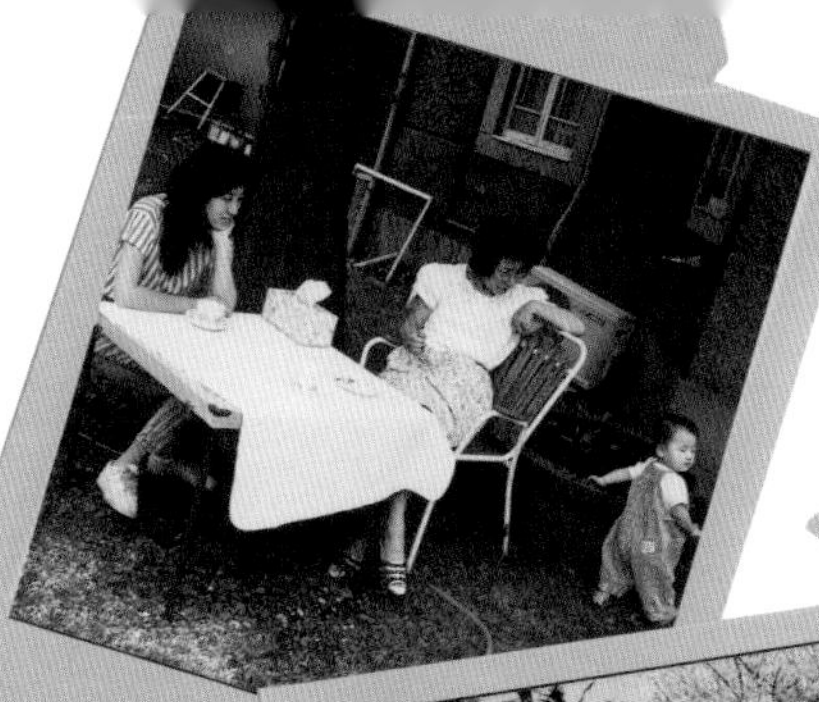

ベランダに、いすを出す

物心がついた頃から、天気の良い日はいすを運んで、外の花畑（梅畑でした）を眺めていました。「さてと、ひなたぼっこでもするか」は、大人にだって必要です。

食べものとレジャーシートを
持って出かける

立派なお弁当やアイテムがなくたってピクニックはすぐにできます。せっかく公園に行くなら、いつもこの2つを持っていきます。

おやつを外で食べる

集中できないから場所を変えるノマドワーカーのように、かつての私にとってはその行き先が庭でした。母が場所に合わせて差し入れをしてくれるのもうれしかったな。

Chapter 5

縁をつむぐ

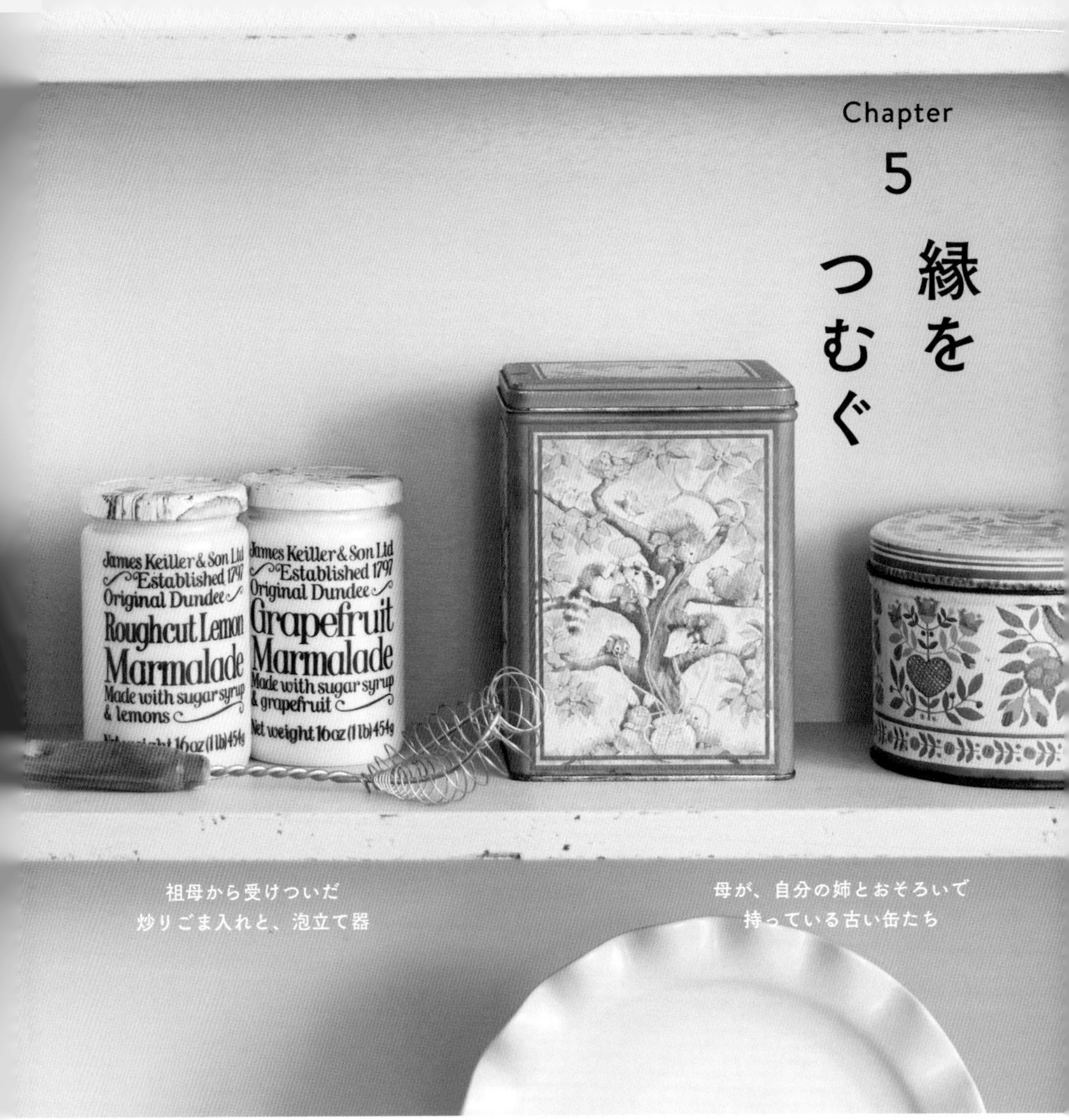

祖母から受けついだ
炒りごま入れと、泡立て器

母が、自分の姉とおそろいで
持っている古い缶たち

昔、母が自宅でフラワーアレンジメントの教室をしていたのですが、その準備をしながら「あの人はあれが好きだから」と、お土産を用意したりして、なんだかんだレッスン料より原価が高くなりそうなのを見て「なんの意味があるの？」と、腹を立てたことがありました。

　だけど、風邪で学校を休んで寝ていると、1日に何度もインターフォンが鳴り、お土産やおすそわけ、散歩の途中など、特に理由もなく母に会いに来てくれる人がたくさんいて、母は縁をつむいで、そ

祖母の家のキッチンにあった
赤いボウル

小さな頃からお菓子を
作る日に登場する、はかり

れを大切にしながら暮らしているんだということに気づきました。相手を尊重し、自分が誰かに対して与えられることの力を信じて、そこに関係を作っていくということ。利益こそ出ない母の教室でしたが、ビジネスの基本がここにあるような気がしました。

　仕事に関して私は、家で働く母とは違う選択をしました。娘が学校から帰ってくる時にいつでも家にいてあげることはできないけれど、自分の力を信じて、誰かと何かをつむいでいくということが尊くて、とても楽しいということを、娘にいっぱい伝えていきたいと思っています。

26

人が集まりやすい家を作ること

使い方が合っているか分かりませんが、我が家は基本的に「オープンハウス」です。母の日が近くなれば近所の子どもたちが花を習いにきて、魚が大量に釣れた人は、帰りにうちへ立ち寄って、みんながそこに集まります。おもてなし、というほど堅苦しくもなく、「みんなで作る」が、しっくりくる集まり。そろそろ切れる頃だから、と電球を持って来てくれるおじさんは、今日も元気です。

人が集まる時のポイント

1 多めの白米とパスタを用意しておく

人が集まれば白米を炊くかパスタをゆで始める母。ものすごい速さでおにぎりを作ります。

2 役割分担をする

うちに、開けてはいけない場所はありません。フォークのありかはみんなが知っています。

3 ミニワークショップを用意しておく

フラワーアレンジや布ガーランド作りなど、子どもも大人も一緒にできるワークショップの材料を常備しています。

4 子どもの遊び場を用意しておく

ティピや、ビニールプールなど、子どもたちが楽しめる場所を用意しておきます。

5 あちこちに座る

あちこちにあるいすや、ラグにみんなが自由に座ると、一気に大家族っぽくなります。

\# 27

季節ごとの鉄板手土産を持っておくこと

Thinking of you every time

ころんとしたマカロン

近所のケーキ屋さんで買う、自慢のまんまるマカロン。春限定の桜フレーバーが出たら、これをプレゼントします。

ちょっとしたギフトとは別に、わざわざ買いに行く、季節ならではの鉄板土産も外せません。祖母の家では来客があると、夏には冷たいおしぼり、冬には温かいおしぼりから始まり、お茶と和菓子、昼食の後は

mmm beautiful flavor

一保堂のほうじ茶

祖母の好きだったほうじ茶。年配の方へのギフトや、春や秋など情緒のある和菓子が出回る季節に。

吉祥寺の人気店、小ざさの最中

大晦日の買い出しをしに吉祥寺へ行ったら必ず買う、大好きな最中。のしをかければ、お年賀にぴったり。

FOR YOU

THANK YOU!

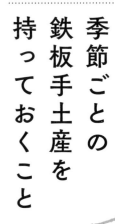

ルピシアの
ホワイトクリスマス

クリスマスの焼き菓子のような香りがする、冬限定の紅茶。茶葉の中に雪のようなアラザンが隠れていて、蓋を開けた時から喜ばれます。

月の満ち欠けに合わせた
SHIGETAのバスソルト

満月、新月、三日月に合わせた３種類のバスソルトセット。特別な気分になるから、母娘で愛用しています。いたわりたい方へのギフトに。

ケーキというお決まりのコースがありました。手伝いながら同席させてもらいつつ、「お決まり」を持っていると、自己紹介にもなり、会話が弾むということを知りました。

やっぱり
マッターホーン

小さな時から誕生日の鉄板だった、バタークリームのケーキ。この優しいピンク色の包み紙を見ただけでうれしい気持ちになるから不思議。

28

インスタグラムのこと

#桃代党

夫の仕事の都合で北海道に住んでいた時のこと。知床で海鮮丼を頼み、それが私の机に来た瞬間に、母から「ごめんね。ママ、白血病になっちゃった」とメールが来ました。そこからの記憶は曖昧で、翌日東京に戻った時には、すでに母は入院していました。

いつでも朝から元気だった母が日ごとに弱っていき、あっという間に体重が20kgも落ち、母不在の家は、他人の家のように暗くなりました。季節の楽しみを誰よりも大切にしている母は、無菌ルームで闘病することとなり、花を飾ることなんて一切許されませんでした。

そんな時、病気になる前から私の勧めで開設していた母のインスタグラムアカウントの中で、そこで出会ったフォロワーさんたちが「桃代さんに季節の楽しみを見せてあげよう」と言って、共通のハッシュタグを作り、日々きれいな花や

母が病前から切り取っていた、季節を楽しむインスタの投稿たち。花とアヒルと雑貨とのなんでもない日々に、共感して繋がってくださった方々に感謝の気持ちでいっぱいです。

空の色、季節の楽しみを #桃代党 というタグで投稿し始めてくれたのです。毎日集まる美しい投稿は、まるで現代版の千羽鶴でした。暗い気持ちになるから病気の投稿はしない、と決めて、ある時から更新が止まったままのアカウントでしたが、母はベッドから起き上がり、#桃代党 のタグで投稿してくださるものに、いいねボタンを押すということを1日の目標に、延々と続く入院生活を必死で過ごしていました。そのほとんどが会ったこともない方ですが、母がそれまで季節の楽しみと小さな工夫を投稿してきたことに、共感してくださり繋がっている方々でした。

SNSでの出会いというと〝今時〟かもしれませんが、好きなことで繋がる関係は、とても本質的で心地の良いものです。奇跡的に病気を克服して、今では前以上の体重で毎日を楽しむ母ですが、当時ハッシュタグの千羽鶴で支えてくれた方が、家に遊びに来てくれているなんてことも少なくありません（それも日本中から……）。ツールが変わっても、縁を紡ぐということの本質は、いつの世も変わらないんだということを改めて母に教えられました。

1年をとことん楽しむカレンダー

	4	5	6	7	8	9
	April	May	June	July	August	September
Color 	Purple 紫	Mix ミックス	Light Blue 淡いブルー	Emerald Green エメラルドグリーン	Tropical トロピカル	Navy ネイビー
Flower 	パンジー ムスカリ スミレ シラー スカビオサ	すずらん ライラック 矢車草 バラ	アジサイ アガパンサス クレマチス カラスノエンドウ	ダリア ヒマワリ クチナシ リョウブ（枝） ドウダンツツジ（枝） ブラックベリー	利休草 クルクマ モナルダ アイビーゼラニューム	ルドベキア ワレモコウ キキョウ ダイヤモンドリリー ジニア
Wishlist	手帳を買う 	お弁当を作って外に出る 	夏のお皿に替える	外でホームパーティーをする	海に旅行に行く 	花とキャンドルで夜を楽しむ

10 October	11 November	12 December	1 January	2 February	3 March

Orange オレンジ	Dark Brown 濃い茶色	Red 赤	White 白	Salmon Pink サーモンピンク	Cream クリーム

センニチコウ ケイトウ セダム かぼちゃ 唐辛子	スプレーマム マリーゴールド チョコレートコスモス バラの実 フォックスフェイス カンガルーポー	カーネーション ビバーナム アメリカンホーリー ヒムロスギ シキミア	スイセン スノードロップ マトリカリア 雪柳 ヒヤシンス（白）	ラナンキュラス ツルバキア ワスレナグサ 桃	ミモザ マトリカリア（黄） マーガレット チューリップ
 りんご狩り	クリスマスリースを作る	クリスマスツリーを出す 	会いたい人を呼んで新年会	ミモザを飾る	 いちご狩り

あとがき

小学生の頃、野原にはえているツクシを摘んでスープを作ってみて、父が「おいしい」と喜んでくれたことをうのみにした時から、誰かのために何かを準備することが好きになりました。

海外に住む伯母から、季節のカードや雑貨が届くたびに、見ているだけで楽しい生活雑貨を、ずっと自分の手元に置いておきたいと思うようになりました。

すっかり還暦も過ぎましたが、今回、娘の萌が書き出した受けつぎごとを見ていて、自分の好きなものはまったく変わっていないんだ、ということを改めて知りました。

季節に合わせて掛け軸を替え、玄関に置く植物を楽しんでいた母から受けついだことが、私を通して娘の代になると、楽しさはそのままに、方法は少しずつ変わっていることに気づきました。

将来、孫の杏（あん）が玄関で季節を楽しもうとする時、彼女は何を思うのでしょう。

まだ知る由もありませんが、今私にできることは、その楽しさを一緒にたくさん、味わうことだと思います。

数年前に、大病をしたこともあり、大好きな花を活けている、なんてことのない時間の幸せを毎日かみしめています。花と雑貨と、それから、「何羽いるんだ？」と突っ込まれても仕方がないほどのアヒルたち（もちろん、本物ではありません）との日常を本にしていただけるなんて思いもしませんでしたが、今日も孫と一緒に庭に出られることに感謝して楽しみたいと思います。

この本を手にとってくださったみなさまに心よりお礼申し上げます。

最後に、カメラマンの角田明子さん、夢のような写真を撮ってくださり、ありがとうございました。声をかけてくださった編集のるり子さん、大さじ小さじも持っていない私の感覚的レシピをしっかり本にしてくださり、ありがとうございました。

村上桃代

村上萌

（NEXTWEEKEND代表）

「季節の楽しみと小さな工夫で、理想の生活を叶える」をコンセプトにしたコミュニティメディアの代表。ウェブやイベント、雑誌などを手掛ける。

村上桃代

（村上萌の母）

「今を生きる」をモットーにした専業主婦。なくてもいいけど、あると楽しいことで生活を豊かにすることが大好き。好みが明確なため、物を選ぶスピードは光の速さ。

STAFF & それぞれの受けつぎごと

イラストレーション
Nozomi Yuasa
▶手をかけないで、目をかけること

ブックデザイン
吉村 亮（Yoshi-des.）
▶ごはんとおかずは同時に食べ終えること

石井志歩（Yoshi-des.）
▶卵焼きを作るとき砂糖大さじ２杯入れること

写真
角田明子
▶母から受けついだ着物と反物

校閲
鷗来堂

DTP
天龍社

写真アシスタント
安田まどか
▶毎年、自分で思い出のアルバムを作る習慣

編集アシスタント
渡邊友美
▶母から受けついだハーブを
暮らしに生かすやりかた

浅川紗也加
▶祖父の好きなことわざ
「実るほど頭を垂れる稲穂かな」

編集
池田るり子
▶３段がさねの
チョコレートケーキのレシピ

Special thanks
鈴木しげ子　都倉良子　村上正和
都倉賢　都倉杏　中嶋史治

受けつぎごと。

2020年７月15日　初版発行
2020年７月25日　第2刷発行

著　者
村上萌　村上桃代

発行人
植木宣隆

発行所
株式会社サンマーク出版
〒169-0075　東京都新宿区高田馬場2-16-11
電話　03-5272-3166（代表）

印刷
株式会社暁印刷

製本
株式会社村上製本所

定価はカバー、帯に表示してあります。
落丁、乱丁本はお取り替えいたします。
ISBN978-4-7631-3824-8 C2095
ホームページ　https://www.sunmark.co.jp